英语教学与商务实践研究

张 阳 著

中国原子能出版社

图书在版编目(CIP)数据

英语教学与商务实践研究 / 张阳著. — 北京：中国原子能出版社，2019.10 （2021.10重印）

ISBN 978－7－5221－0187－3

Ⅰ．①英…　Ⅱ．①张…　Ⅲ．①商务－英语－教学研究　Ⅳ．①F7

中国版本图书馆 CIP 数据核字(2019)第 256999 号

英语教学与商务实践研究

出版发行	中国原子能出版社（北京市海淀区阜成路 43 号　100048）
责任编辑	胡晓彤
装帧设计	刘慧敏
责任校对	刘慧敏
责任印刷	肖会娟
印　　刷	三河市明华印务有限公司
经　　销	全国新华书店
开　　本	787 mm×1092 mm　　1/16
印　　张	11.75
字　　数	210 千字
版　　次	2019 年 10 月第 1 版　　2021 年 10 月第 2 次印刷
书　　号	ISBN 978－7－5221－0187－3　　　**定　价**　45.00 元

网址:http://www.aep.com.cn　　E-mail:atomep123@126.com

发行电话:010－68452845　　版权所有　侵权必究

前言 PREFACE

　　英语教学与商务实践课程开发是当前英语教育的一个热门话题,英语教育培养目标是培养在生产、建设、管理、服务等一线岗位的应用型高级技术人才,实践能力和操作能力是其能力目标中的重要组成部分,而实践课程教学在职业能力培养中占有非常重要的地位,因此加强实践课程开发是实现教育目标不容置疑的重要途径。高等教育实践课程体系是高等教育内涵的核心。在一定意义上可以说,高等教育实践课程体系决定了高等教育的特征,决定了高等教育人才培养目标的实现。虽然商务英语专业实践课程已受到各院校的广泛重视,但对实践课程的整体研究还比较薄弱,实践课程开发的针对性不强,我们有必要对此问题进行深入研究。

　　本书共六章,分别从英语教学与商务实践的内涵与功能分析、英语教学与商务实践课程的开发、英语教学与商务实践的现状、商务英语的话语能力研究、英语教学与商务实践体系的构想及商务英语教师专业化建设角度提出了商务英语专业实践课程方案的探索途径,进一步强调了语言应用技能与商务实践能力,体现专业应用能力与社会适应能力的重要性,以期通过本书的介绍,能为商务英语教学的发展提供参考与借鉴。

　　本书由张阳著。在写作过程中,笔者参考了部分相关资料,获益良多。在此,谨向相关学者师友表示衷心感谢。

　　由于水平所限,有关问题的研究还有待进一步深化、细化,书中不足之处在所难免,欢迎广大读者批评指正。

著　者

2019 年 5 月

目 录 CONTENTS

第一章　英语教学与商务实践的内涵与功能分析

第一节　相关概念的界定

在本节,我们将首先介绍英语教学与商务实践的相关概念,对实践教学与实践课程等相关概念进行讲解,了解商务英语实践的重要性,此外,我们将就相关理论依据进行讲解,希望通过本节的介绍,广大读者能有所收获。

一、实践课程

不同学者对实践课程的内涵有不同的看法,樊丰富从课程分类角度来定义,认为"实践课程并不是指的广义上的实践活动,实践课程是与理论课程相对应的一个概念。这一课程直接指向生产劳动、强调动手操作,并与专业密切相关,而非理论知识的学习。"有的学者则从实践课程的形态来定义,认为实践课程应该包括社会生存实践、职业认同实践、岗位操作实践、后续发展实践等方面的专门课程。只把岗位操作实践课程当作通常所说的实践教学部分,理解为狭义的实践课程。雷正光也持相类似的看法,认为高等教育的实践课程包括动手操作的实验、模拟试验、实训、实习和设计。还有学者从实践课程价值取向的角度来定义,认为实践课程应该是一种以实践活动为其表现形式,以实践知识为其核心内容,以创造性的实践技能为其主要目标,以实践智慧为其价值取向的课程。

汤百智等提出"综合实践课程"的概念,认为它不同于原来院校的各种实践教学,传统院校课程体系中设立的实习和实训课程大都以培养某个单项职业技能为主。在院校设立"综合实践课程"应以职业岗位所需要某方面的职业能力要求为依据,以工作过程为导向,以工作项目为教学任务,将职业技能和能力培养所涉及的学科知识、技术理论、劳动过程知识、操作技能有机结合,作为一个整体按计划有步骤地分段进行。有的学者提出实践课程的知识构成应当包括技术规则、经验、情境知识、判断力知识、实践化的学问知识五个方面。

综上所述,笔者认为实践课程是与理论课程相对应的一个概念,其基本内涵包括:第一,课程目标是培养学生的专业应用能力和社会适应能力、综合实践能力和综合技能;第二,课程内容以实践知识为其核心内容,主要包括技术规则、经验、情境知识、判断力知识、实践化的学问知识;第三,课程表现形式为实践活动;第四,其价值取向是实践智慧。

二、实践课程开发

实践课程开发目前还没有学者对其进行界定,只有课程开发内涵的研究。顾明远在《教育大词典》第三卷中指出,课程是教育学中用的最为普遍的概念,然而又是定义最不规范的概念,因此课程开发的概念也有多种,综合有关学者的看法,课程开发又称课程编制,它包括三个方面:目标的确定、内容的选择与组织、课程的实施与评价。笔者认为,可以借鉴课程开发的内涵对其进行界定,实践课程开发主要指运用课程开发的原理,在突出实践能力、综合技能目标的基础上,确定实践课程的目标、内容选择与组织以及实施与评价。

三、商务英语

商务英语的问世至今不到数十年,而商务英语的教学在我国真正开始发展也就二三十年的时间,商务英语实践课程开发则只是处于起步阶段。但是随着我国加入世界贸易组织,以及和世界各国商贸往来日益频繁,活动范围日益扩大,商务英语变得日益重要,"商务英语"这一概念的内涵也变得越来越丰富。目前在我国还有"商贸英语""商业英语""外贸英语""经贸英语"等多种译名或对应术语,也称"国际商务英语",加上"国际"二字表示与涉外商贸有关。可见课程名称也极不统一。由于商务英语学习者的背景不同、动机各异,所以,各种名目的"商务英语课程"虽然有其共同特点,但往往又有很大差别。因此,目前可以说"商务英语"还没有一个明确和共识的定义。然而,要开发商务英语实践课程,首先有必要对商务英语有一个比较正确的理解和界定。

近年来,关于什么是商务英语也存在着不同的观点。许多专家学者从不同的角度对商务英语的定义及内涵做了描述,归纳起来主要有以下几种见解。

第一种观点是有些专家学者对有没有商务英语这个问题持有异议。他们认为"商务英语"是一个含义不明确的术语。严格地讲,本来并不存在什么"商务英语"。它无非是指从事商务活动的过程中所进行的英语交流。除了一些商务专用词汇、术语外,商务英语同日常所用的英语具有很多共同特征。时下流行的《剑桥国际商务英语》一书的作者也指出相同的观点。

第二种观点认为国际商务英语属于外国语言学应用语言学理论的指导下,研究英语在国际商务中的应用。因此,把国际商务英语看作是文学和经济学、管理学交叉的学科应当比较合适。

第三种观点是商务英语实际上就是商务环境中应用的英语,它属于专门用途英语的一种变体,如同其他专门用途英语(English for Specifc Purposes,EPS),它至少有两个特点:一是有明确的目的,应用于特定的职业领域;二是有特殊的内容,涉及与该职业领域相关的专门化内容。从这个意义上说,商务英语也就是从事或将要从事商务行业的专业人士所学习或应用的。

以上各种观点各异,但并不相互矛盾,可以说互为补充,只是从不同的角度加以观察和认识。ESP 的定义随着时代的发展也在不断演变和充实。其中较有影响的就有 Strevens,其定义被学术界普遍引用。他认为"课程指教学目的和教学内容原则上完全由英语学习者的功能性或功用性要求而不是由普通教育标准如英语作为一门常规学校课程那样所决定的英语课程。"他把 ESP 和普通英语看作一对相对立的概念,EPS 课程有着明确的教学目的、教学内容和交际需求,而普通英语则仅仅把英语作为一门独立的语言课程来教。

一般来说,真实语料的使用是课程教材的共同点。商务英语是以目的语为媒介,为商务活动服务的,所涵盖的内容涉及与商务有关的诸多领域以及开展商务活动的各个环节。由于商务英语学习者的特殊性,其课程内容更倾向于语言功能和语言活动,强调语言的输出,重视语言交际能力的培养,其表现形式是以学生为中心,其目的是为了让学生获得与其社会目的相关的终端行为能力。正如英国学者所指出的"语言本身的教学并不是的终结,而利用语言实现一个确定的目标才是的真正目的"。商务英语实践课程确定的目标是指在特定目标语境中获得有效交际的能力,具体说,就是使学生在英语语境中学习商务领域的专业知识,又使学生通过专业知识的获取,强化商务英语技能,并且能够用英语有效地进行商务交际。

四、实践教学

实践教学是巩固理论知识和加深对理论认识的有效途径,是理论联系实际、培养学生掌握科学方法和提高动手能力的重要平台。实践教学体系的构建,要充分体现专业岗位的要求,与专业岗位群发展紧密相关。商务英语专业实践教学包括课堂实践教学和综合实训教学,其中综合实训教学内容涵盖见习实习、专业综合实训、外贸业务综合模拟操作、工作项目实训以及顶岗实习。

见习实习能让学生对外经贸活动的环节、要素和内涵有基本的感性认识,对商务英语在其中的实际应用有初步了解,为今后就业打下良好的基础。专业综合实训、外贸业务综合模拟操作、工作项目实训主要为校内实训。为了更好地与企业岗位实现零距离接轨,其教学内容按真实岗位技能要求设计模块化教学。工作项目实训是充分利用校内现有的先进的实训场地和设施开设与就业工作岗位相关的一些实训课程,以模拟商务谈判、模拟交易会、模拟国际会议、新闻发布会、模拟商务旅行、翻译、文秘事务、涉外导游流程等真实工作项目为导向开展实践性教学。顶岗实习是按教学计划全面强化和实践专业的职业技能,安排学生在校外实训基地和企业拜师学艺,顶岗实习。

关于商务英语专业实践教学国内一些专家学者的看法:

(1)徐鲁亚提出,应与国外大学合作举办国际商务英语专业,引进国外多媒体教学软件系统,引进先进院校的优秀课程,建设具有特色的商务英语课程,开创以任务为中心的"工作室"实践教学模式,尽心专门技能训练;

(2)李静艳认为,院校为培养商务英语人才为地方经济服务,就应调研了解市场需求,才能确立商务英语人才的培养模式,开拓订单培养模式,满足企业对商务英语人才的实际需求,解决学生的就业问题;采取工学结合人才培养模式,校企双方可采取互惠互利的方式,共同培养人才;采取学习实践交替式,完成语言技能与商务知识和技能的转化过程;采取校企整合式,将企业的培训中心与商务英语专业教研室融为一体,校企双方交叉兼职,专业共建、师资互通、资源共享。

五、职业能力

职业能力是人们从事某种职业的多种能力的综合。例如:一位教师只具有语言表达能力是不够的,还必须具有对教学的组织和管理能力,对教材的理解和使用能力,对教学问题和教学效果的分析、判断能力等。由于职业能力是多种能力的综合,因此,我们可以把职业能力分为一般职业能力、专业能力和综合能力。

（一）一般职业能力

一般职业能力主要是指一般的学习能力、人际交往能力、团队协作能力、对环境的适应能力，以及遇到挫折时有良好的心理承受能力等，它是我们在职业活动中不可缺少的能力。

（二）专业能力

专业能力主要是指从事某一职业的专业能力。在求职过程中，招聘方最关注的就是求职者是否具备胜任岗位工作的专业能力。

（三）职业综合能力

职业综合能力主要指信息收集和筛选能力、制定工作计划、独立决策和实施的能力、准确的自我评价能力、接受他人评价的承受力、团队协作能力、人际交往和沟通能力、判断能力、自律能力以及职业道德等。

六、理论依据

（一）建构主义理论

建构主义（constructivism）最早是由瑞士心理学家皮亚杰提出来的，他认为，作为认知主体的人，在与周围环境相互作用的过程中建构关于外部世界的知识，离开了主体能动性的建构活动，就不可能使自己的认识得到发展。认知主体将外部信息纳入已有的认知结构（同化）或重组认知结构以吸收新的信息（顺应），在这个处于动态发展的矛盾体中，通过不断地建立认知结构与外界的平衡，实现认识的发展。维果斯基则特别强调社会交往在人的心理发展中的作用，并认为人的心理过程结构，最初必须在人的外部活动中形成，然后才有可能转移并内化为内部心理过程的结构。布鲁纳的认知学习理论主张特别关注知识的结构、学习者的内部动机、多种认知表征方式、探索与发现未知、直觉思维、从多重观点中建构知识和价值等。科尔伯格研究了认知结构的性质和发展条件，斯滕伯格探讨了个体建构认知结构的主动性问题。此外，维柯的"历史"概念、康德的"为自然立法"、杜威的经验自然主义等理论,都对建构主义的发展具有一定的影响。

20世纪80年代兴起的建构主义认为学习总是与一定的社会文化背景即"情境"相联系的,在实际情境下进行学习,可以使学习者能利用原有的知识去同化和索引学到的新知识,从而赋予新知识以某种意义。如果不能同化,则要对原有认知结构进行改造与重组。通过同化和顺应,达到对新知识意义的建构。建构主义强调"以学生为中心"三要素:让学生在学习过程中充分发挥主动性;让学生在不同的情景下使用所学到的知识;让学生根据自身行动的反馈信息来形成对客观事物的认识和解决实际问题的能力。

建构主义语言学认为,语言存在于言语之中,言语就是在特定的语境中为完成交际任务对语言的使用,包括言语活动过程及其产生的话语。实践教学中通过各环节的教学设计,创设生动、仿真、接近实际的商务活动情景,可以有效地激发联想,使学习者能利用自己原有认知结构中的有关知识与经验去同化当前学习到的新知识,赋予新知识以某种意义,为提取长时记忆中的知识、经验与表象创造有利条件。

建构主义理论的内容很丰富,但其核心只用一句话就可以概括:以学生为中心,强调学生对知识的主动探索、主动发现和对所学知识意义的主动建构。在建构主义看来,个体学习不可能以实体的形式存在于个体之外,只能由学习者个体基于生活中形成的经验背景建构起来,是学生在已有经验的基础上,主动选择、加工、建构信息的过程。因此,教学要提供有利于学习者认知发展的认知工具,尽可能地创设有利于学生学习的情景,构建以学习者为中心的教学环境,激励学生的内在潜能去自主探索。从这种意义上讲,教学意味着在一定的情境脉络下,为了支持学习者问题求解技能的发展,创设有助于学习者形成明确的概念表征和问题的领域情境,提供认知工具,鼓励学习者对劣构知识进行探求、建构并通过实践共同体完成意义协商。

认知主体的认知既是个体内部的建构,同时也是社会建构。知识是具有社会属性的,必然会受到一定社会文化环境的制约。因此,学习是在一定的情境脉络下,知识的社会协商、交互和实践的产物。学习过程的发生、发展是一定意义的社会建构,这些特性必然决定了教学要有助于学习者交流,提倡在真实的情景中通过建立实践共同体,达到个人与团队之间观点、经验的交互,进而提升个人的知识理解;重视学习者的社会参与,强调真实的学习活动和情境化的教学内容。

在建构主义学习理论影响下形成了认知学徒教学模式。认知学徒模式被许多研究者视为建构主义教学的一个重要的模式。学徒制是一种"做中学"的最早的形式,这种置于真实情境中的任务提供了学习的有组织的和统一的作用和目的。强调实践教学情境的真实性,让学生介入必然现实出产或在接近现实出产的情形中进修,对培育学生的职业素质,增强学生对职业岗位的熟悉和理解有很重要的浸染,同时对学生个体职业能力的终身成长也有十分重要的意义。学生在真实的职业情境中建构常识、能力,易于形成在工作中不竭进修的能力和习惯。教育的性质决定了在现实教学工作中,教师不单要注重基础知识和专业的传授,更要注重培育学生的职业技能与和职业道德素养,因此建构主义理论对职业教育具有极其主要的指导意义。

(二)CBE 理论(能力本位教育理念)

CBE(能力本位教育理念)是英文 Competency Based Education 的缩写,其含义是以能力培养为中心的教学体系。能力本位教学是围绕职业活动中需要的实际能力,以职业分析为基础组织课程、开展教学、进行评价的一种教学思想。它以全面分析职业活动中从业者的活动内容、素质要求为出发点,以提供学生完成工作任务所需要的能力为基本原则,强调学生在学习过程中的主体地位,使学生具备从事某一职业所必需的实际能力。能力本位思想要求在教学活动中,突出能力的培养,强调学校与社会、理论与实践的联系,这是职业教育本质的必然选择,是职业教育特点的反应。结合素质教育思想和我国职业教育实践,能力本位概念中所说的能力,不仅指操作技能,还包括培养学生将来在社会上就业、适应、竞争和发展的能力,在工作中具体的发现、分析、解决和总结问题的能力,操作、应用、维护和维修能力,以及独立、协作、交往、自学、心理承受能力。

能力本位教育理念(Competency Based Education)产生于第二次世界大战时美国对技术工人的培训,在 20 世纪 60 年代被用于职业教育的师资培训,此后不久就传到加拿大,进入 20 世纪 80 年代后,又逐渐推广到欧洲、亚洲、澳洲等许多国家和地区,对职业教育和培训产生了深远的影响。能力本位课程模式强调以能力作为课程开发的中心,以能力为主线设计课程,而不是以学科知识体系为核心。所传授的知识是为能力培训服务的,以"必需、够用"为原则。此模式对学生的评价不是以专业知识的掌握,而是以获取从事某种职业所需的能力为标准。它强调对学生能力特别是职业能力的培养,并发展起了一套系统的方法。

从 CBE 理论的哲学基础来看,它认为能力特别是职业能力是不能通过灌输而使学生掌握的,能力或职业能力必须通过学生积极而主动的活动来培养,因此它强调学生的主体性和学生学习的主动性,并由此发展出了一套有效的教育和教学方法。

1. 市场分析方法

通过对人才市场的分析,确定何种职业人才是市场所需要的,以及需要量的多少,这是学校确定专业,确定学生培养目标和培养规格的前提。

2. DACUM 方法

即根据成熟和有经验的职业人士的看法,将从事该职业所需要的能力逐级分解成若干项综合能力和专项能力(技能)。具备若干专项能力则具有或形成一项综合能力,具备所有的综合能力后,就具备了从事该职业的职业能力。专项技能要反映的是从事该职业所需要的具体技能或职业从业人员掌握的能力,即能干什么或会干什么。因此,DACUM 表不仅是职业培训和考核的基础,同时也是职业教育和培训编制教学计划的基础。

CBE 理论强调学生的主体地位,在教学方法上,强调学生积极主动地学习,教师只是一个指导者的角色、只是一个教学活动组织者的角色,在理论知识的学习上,它既可以根据学生的情况采取课堂讲授的方法,也可以采取学生自己学习、教师指导与回答问题的方法。而在技能的学习上,则主要采取教师组织教学过程和教学活动,学生主动学习、练习及实践的方法。

从 CBE 理论方法来看,高等职业教育重视对学生实践能力的培养,因此,在我们的教学计划中,能力培养要贯穿教学全过程,加强实践教学环节,应加大实践、实训课程的比重,突出专业性,使学生掌握专业领域实际工作的基本能力和基本技能。CBE 理论体现了以能力为教育理念,在教学方法上我们也要始终坚持以"能力为本位"的原则组织教学,突出一线岗位从事现场和实际的职业活动能力的培养,这种教学特别有利于对职业人才的思考与分析能力、自学能力、协同工作能力、创业能力的培养。如德国"双元制"的特征之一即企业和学校的密切合作,其理论与实践的整合达到了较为理想的课程,强调理论与生产实践的结合,突出知识的积累和技术的应用,主要培养长于解决现场技术问题的应用型人才。

CBE理论认为,教育的根本任务在于培养高等技术应用型人才为职业服务。所以,它的课程体系必须突出应用性,才能体现其职业性。课程突出应用性,可以从两方面来考虑。

(1)课程内容的应用性

课程内容的应用性要求课程内容的组织,以解决问题为中心,而不是以学科的理论体系为中心,使内容组织服从于所要解决的职业领域的问题。如德国"双元制"为保证实现教育的目标,把知识与技能分为若干单元,形成不同模块化的综合课程体系,不强调学科知识的完整性、系统性,注重知识的广泛性和应用性,使知识和技能有机结合,避免重复。

(2)课程内容的实践性

课程模式的实践性要求教育课程实施过程中增加实践性教学环节的分量,使学生有充足的机会将专业知识与职业实践结合起来,获得隐性经验,从而增强学生的职业适应性。CBE理论强调教育重视学生实践能力的培养,这就对教师提出了更大的挑战,要求从事教育的教师必须既具有专业的基础理论知识又具有丰富的实践教学经验,即具备"双师型"的师资队伍。

目前,我国各院校"双师型"教师比例偏低,虽然各学校对"双师型"很重视,但是却缺乏有效的培养措施,教师们接触实践的机会也很少。而发达国家却极为重视师资队伍的建设,主要体现在从事教育的师资除了应具有政府颁发的教师资格证书外,特别强调从事职业技术教师的实践经验和教学基本理论的掌握,如美国要求从事教育教师一般应在所教范围取得学士以上学位,并要求教技术课的教师必须有两年以上工作经验及最新经验,或者在合适的技术领域有五年以上实践经验,还要求应聘者学过教育学课程。在我国现实条件下,我国院校应让专业教师有到企业进行"挂职锻炼"的机会,使他们能接触实践,获得更丰富的教学经验。

其次,我们也可采取聘请一部分具有丰富实践经验的来自企业和生产一线的高级技术人员或高级管理人员担任兼职教师,因为他们不仅具有相应的专业知识和工程师证书,并有相当长时间的企业工作经历,而且能把企业的生产、经营、管理及技术改进等方面的最新情况与学生所学的内容紧密、及时地结合起来,真正体现理论联系实际,让学生学以致用,从学生反馈的情况来看,来自企业第一线的教师往往最受学生的欢迎。

CBE 理论核心思想是"突出或强调能力"的培养，那么在教育实践中如何保证学生综合职业素质的培养，如何突出能力的培养，如何使技能升华为技巧？除了最重要的条件——师资外，良好的校内校外实训基地也是培养技术型人才必不可少的环境和条件。实训基地也因此成为评估院校办学特色、办学水平和教育质量的重要指标。

第二节　英语教学与商务实践的内涵

英语教学与商务实践知识是在实践活动中通过自己的亲身体会或领悟获得的知识，它不同于科学知识或技术知识，主要包括技术规则、经验、情境知识、判断力知识、实践化的学问知识。人类的实践是合目的性的、合规范的，在一定的技术规则的规范下进行的，因此，技术规则是实践知识的核心成分。它包括实践方法、程序、技术要求等内容。在本节，我们将就英语教学与商务实践的内涵进行讲解。

一、商务实践知识

商务英语专业实践课程的技术规则主要体现在英语语言的运用方法上，比如听力练习要结合相应的商务知识，采用一定技巧经过长期训练，突出语言交际能力商务技能，包括讲演、营销、谈判、信函撰写等的一般原则。经验是个体在实践中自己归纳的知识，它只适合于解释个别现象，不具有普遍性，对于应用何种语言或商务规则，我们都需要靠经验来灵活地应用。实践过程是技术规则、经验与情境知识相结合的过程。商务实践中，需要根据具体情境灵活地运用语言或商务规则和经验，因此，对商务情境的深刻洞察与细微了解，便成了实践知识的重要构成成分。可以说，对商务情境了解越深，对商务情境的变化经历越多，个体的商务实践能力就越强。反之，商务实践能力就越差。

同时，技术规则、经验与情境知识的合理匹配需要判断力为中介，因此，判断力知识也是实践知识的重要成分。它是实践智慧的关键体现。当我们把技术规则、经验运用于一个特殊情境时，不可能依赖另一条技术规则，否则就会陷入永无休止的逻辑困境。判断力知识是"无法言述的缄默知识"，因为知识的表征手段是多种多样的，除了语言外，还有行动。作为以实践智慧为基础的实践，是在整个学问知识的背景中进行的。没有学问知识为背景的实践是机械地重复或简单地操作活动。在知识社会,要培养商务英语专业人才灵活地适应岗位的能力,以及继续学习的能力,就需要把相关实践能力置于相关的学问知识背景中去培养。

二、商务实践技能

将技术知识转化为实际商务操作能力是以商务实践知识的获得为前提的。而商务实践知识的获得反过来会促使商务人员操作技能的熟练化或现场解决技术问题能力的提高,这一过程其实也是商务实践技能形成的过程。所谓技能,是人们运用知识顺利地完成某项工作任务的一种活动方式。根据活动方式的内隐与外显之别,技能一般分为智力技能、认知技能和动作技能。罗米索斯基则进一步将技能分为"再生性技能"也称"再造性技能"和"产生性技能"也称"创造性技能"。

再造性技能的特征是在技能活动中带有重复性质,当在各种情景中运用技能时很少有大的变化,应用的是一种固定的程序或算法。如做加减法、造句、跑步等。创造性技能的特征是需要做一定的计划,在执行任务时表现出相当的灵活性和变通性,它应用的是一种或几种理论和策略。如解数学难题、进行文艺创作、文件页面设计、踢足球等。根据这一理论框架及商务英语专业实践课程的具体培养目标可以看出,相对于中职商务英语专业培养的人才以再生性操作技能训练为主而言,商务英语专业人才的技能训练应在外贸进出口操作技能的基础上,着重发展其创造性的商务操作技能。

三、商务实践智慧

商务知识和技能是商务英语专业实践课程的重要组成部分,但商务知识、技能绝不是商务英语专业实践课程的全部。对商务人员来说,除了商务知识和技能外,还有一种很重要的东西,那就是智慧。那么,什么是智慧呢? 智慧是"在知识的基础上建立的,是人对世界与人的博大圆融的理解","体现为主体的行为选择和处事态度,或体现为一种境界"。柏拉图认为智慧即指关于"善之相"或绝对的善的知识,绝对的善就是绝对的价值。

在外贸经营权全面放开后,一方面,享有经营权的单位大大增加,而另一方面,竞争也更为激烈。因此,外贸单位对员工的忠诚度或职业道德十分看重,怕泄露商业机密如客户名称、成交价格等。因此,重视品性德行的陶冶,重视实践智慧的养成是现代职业教育的理想追求。培养出来的人当然不能只是一些有知识、有特长的准职业者,缺少实践智慧的人是无法在21世纪的人才竞争中获胜的。所以实践智慧是商务英语专业实践课程的价值取向。

四、商务实践活动

实践知识、实践技能、实践智慧的获得,都离不开大量的实践活动。正如杜威在《学校与社会》一书中所言"一个人要较好地学会阅读或写作,只能通过阅读或写作进行"。在实践课程的知识结构中,技术规则、经验和判断力知识均属于过程型知识,其意义仅仅存在于实践过程本身,因此对这类知识的学习,只能在实践的过程中,通过经验的方式进行。

通过阅读、记忆的方式所获得的这类知识是"虚假"的。情境知识虽然相对来说具有静态性,但是,由于真实的情境仅仅存在于实践中,因此对它的学习也离不开实践。并且,对情境知识的学习不能仅仅借助语言逻辑思维,而要大量地借助具体形象思维,特别是直观动作思维。如学生对外贸制单的了解,就不能仅仅通过书本的语言描述和图片,而必须实际地去填写单据。由于直观动作思维必须借助动作,因此,对这类知识的学习,也必须通过实践的方式。因此,实践活动是商务英语专业实现实践课程目标和价值的手段,是获取实践知识的必然途径。

同时,根据实践的含义,实践是人们能动地改造客观与认识、探索现实世界的一切社会客观物质活动。其基本形式是生产活动、社会活动和科学实验活动,此外,还有艺术、管理、教育等活动。因此,实验、教学实习、生产实习、专业劳动、毕业设计这些活动本身都属于实践活动,而商务英语专业实践课程也正是以这些形式表现出来的。

五、企业对商务英语人才的诉求

(一)企业对商务英语人才需求目标

针对三十位从事外贸进出口的业务主管、经理以及外贸业务一线操作职员进行邮件问卷调查,共设计了四个问题,问卷内容涉及商务英语专业毕业生从事何种工作、对他们的业务能力、综合素质评价等。通过他们对这些问题的回答,从企业的角度分析商务英语人才需求目标。

(二)企业注重语言交际能力

在英语语言能力所包含的听、说、读、写、译五种能力中,首先,听和说的能力显得至关重要,特别是与外商日常会话中的听说能力,其重要程度分别占到93.3％和100％。在与接受调查的企业人士交谈中,各企业都一致认为商务英语专业毕业生的听力至关重要,是和外商接触的第一步。只有先听懂并理解对方所说的内容才能根据对方的意图很好地做出应答。如果听得糊里糊涂,或根本就没有听清、听懂对方所讲的内容,就会在交谈过程中出现"卡壳"的现象,这样会给对方留下不良印象,进而会危及所服务公司的形象和所洽谈的项目。说,即口语表达同样非常重要。听懂对方所讲的内容是前提,接下来的任务便是如何将自己的意思准确无误地表达出来,让对方能够很好地理解自己的意图。接受访谈的许多企业工作人员根据他们的实际工作经验认为在口语表达中,语音基本准确即可,但要求语意准确,语调自然,语流顺畅,表达得体。

听和说是英语语言学习中的两个重要因素,二者是相辅相成的,而听和说在实际教学过程中是没有一个很明确的考核测评方式来衡量的,或教学考核中所给出的成绩如"优秀""良好""及格"等只是一个相对成绩,而对听说水平的提高则是永无止境的。在实际工作中涉外工作人员不仅仅要接触到讲一口标准英语的欧美国家人士,还可能或者说更多的是遇到一些无法讲一口标准英语的非欧美籍人士,他们的英语往往会带有自己国家母语的口音。不仅如此,有时对标准语速的英语也同样需求,听懂标准语速的新闻等重要程度占66.7％,就某一问题发表见解占93.3％。所以,外向型企业总是希望员工英语听说能力越强越好。这就要求学生在校期间要多听、多讲、多练,不断地提高自己的听力和口语表达能力,从而在就业市场上拥有更大的优势。

(三)企业强调商务课程实用性

商务课程对于商务英语专业学生而言非常重要,这些课程有助于他们在学校学习期间确立自己将来的就业方向,并为他们的就业岗位提供直接的商务专业知识与能力。但商务英语专业不同于国际贸易专业,商务课程的课时有一定的限制,因此这部分课程的实用性非常重要。

不同企业对学生的要求也不尽相同。对一个大企业,由于企业内部分工较细,因而要求自己的员工必须具有很强的专业知识,专业知识贵在专和精,而无所谓广。而在小企业里,老板希望业务人员是个多面手,懂得越多越好,既要做业务,又要做单证。在对企业的深入调研过程中,许多企业负责人都提到一个共同的问题,那就是许多学生在毕业进入企业后,不能直接胜任某个工作岗位,他们无法将自己在学校所学到的理论知识与实际操作联系起来。从数据中也能发现,企业特别注重实训课程,函电模拟实训"重要"指标达 80.0%,单证制作实训高达 93.3%。这就要求在日常教学中,除了传授给学生理论知识外,还要注重学生的实际操作能力,将理论与实践有机地结合起来。尤其是商务方向知识,应注重商务实务和商务操作,加强案例分析教学,使学生即使是在学校里也有身临其境的感觉。在日常教学中也可以从正反两个方面给学生补充案例,让学生根据实际情况加以比较分析,形成自己的见解,从而培养学生动手能力和快速上岗的能力。

(四)企业需求高综合素质人才

综合素质与能力,也是用人单位对商务英语专业人才非常注重的一个方面。在受访企业中,这是一个谈得最多、最广泛的话题。企业从事涉外商务,特别是外销人员都与企业的商业秘密息息相关,而涉外商务人员的薪水在各个企业相差甚大,这就造成了涉外商务人员频繁跳槽的现象,常常给企业带来很大的麻烦。因此,企业特别强调涉外商务人员的个人职业道德。我们发现,认为对企业的忠诚度"重要"的程度占 80.0%。作为涉外商务人员要有很强的市场开拓能力、后续学习能力和收集情报的能力。另外,计算机应用能力在这个行业中也非常重要。其他还涉及很多方面,诸如学生的心理素质、应变能力、沟通能力、决策能力和信息的敏感度等,不同企业有不同的要求。

企业对人才的期望值往往高于学生的实际现状,这就更要求我们加强学生职业道德的教育和综合能力的培养。将德育教育融入日常语言和商务知识教学中,同时鼓励学生积极参与社会调研和实践活动以及院系部举办的各种活动,以培养自己的综合能力,学生就业前还可加强心理辅导。通过这些手段尽量缩短毕业生和用人单位之间的距离。世界教科文组织提出世纪教育的要求为四个"学习":学会做事、学会学习、学会做人、学会与人相处。在我国,对学生的要求也大致如此,这实际上也是用人单位对毕业生的要求,同时也是教育对于学生综合素质和能力培养的要求。

第三节　英语教学与商务实践的功能

教师作为教学的执行者,是商务英语话语构建中的主体,其主体功能主要体现在是商务英语的设计者、实践者和文化传播者。商务英语的话语构建,主要目的是实现交流,提高学生的商务英语交流能力。现代商务英语教学往往忽视了这一问题的重要性,过分强调基础知识的教学。基于这一点,笔者指出了商务英语话语的正确构建,并且分析了教师的主体功能,发挥教师的主体功能才能够提高商务英语教学效率,使学生了解语言文化,提高语言交流能力。

一、英语商务教学实践的意义

(一)有利于实现商务英语人才知识整合

教育培养的应用性人才的本质特征是具有综合应用能力,它是针对近年来出现的中小企业职业岗位对商务英语人才综合技能、职业能力的要求,着重培养学生解决实际问题的能力,强调的是在复杂的工作情境中进行分析、判断并采取行动的能力。而实践课程具有帮助学生实现所学知识的整合与综合职业能力的全面掌握的功能。传统的商务英语职业能力仅仅依靠在学校的毕业设计和实习来形成,而平时光是注重语言的学习,显然和现代对商务英语人才的要求有很大的差距,这就需要通过实践课程的学习来获得。

(二)有利于实现商务英语教学就业

高等职业教育的专业设置一般是针对工作世界的岗位群所设立,按照应用性人才培养目标,培养的学生应具备与就业岗位零距离对接所要求的综合职业能力。因此,在学生进入实际的工作岗位前就应该具备这样的素质和能力。而以往的课程教学安排无法满足要求,因此通过商务英语专业实践课程的实践,学生能具备直接就业的能力,即学生真正具有达到用人单位要求的熟练运用英语的能力,具有外贸函电、签订合同、制作单证、进出口业务往来和业务核算等商务操作能力,还具有熟练操作现代办公设备等一般管理能力。

二、商务英语话语构建中的主体功能

现今社会,国家之间交流密切,英语作为重要的交流工具,对其的掌握程度往往决定了商务合作的最终结果。商务英语的重要性毋庸置疑。因此,其话语构建是教学的核心,也是本书谈论的对象。教师作为语言文化的传播者,其在教学中的主体功能就是文章的核心。这一主体功能如何得到发挥,是商务英语教学的主要任务。近年来,随着商务英语交际人才需求的增多,高校面临专业教师缺乏,商务英语教学方法单一,对其重视程度不够等问题。要解决这一问题,我们首先应明确商务英语话语构建中教师的主体功能。

(一)商务英语话语构建

商务英语中的话语构建,目的是实现沟通和交流,其中话语构建要求按照一定的语法结构,完整地表达说话者的中心思想。商务英语作为谈判的重要工具,其构建具有专业性和目的性等特点,教师作为课堂教学的引导者,在商务英语语言构建中起着至关重要的作用。商务英语语言构建需要教师根据教学大纲要求和学生能力范围决定语言的难易程度,并且为学生提供良好的语言构建环境。也就是说,在商务英语构建中,教师具有主体功能,其作用不容忽视。

(二)商务英语话语构建中的主体功能

教师作为教学的执行者,毫无疑问在商务英语构建中具有主体功能。要完成商务英语语言构建,教师必须具有扎实的商务知识和专业的英语水平,并且了解商务英语谈判技巧,从而通过商务英语教学,提高学生的语言交际能力。其主体功能主要体现在以下几方面。

▶▶ 1. 主体设计者功能

教师对课堂应具有整体的掌控能力,这一点主要体现在教师应做好课堂教学内容的设计。因此,在商务英语教学中,教师的设计功能至关重要,其中包括教材和教学内容的选取,教学方法和教学目的的确定,以及教学实践活动的策划和安排等。教师的设计者功能还体现在其应具有先进的教学理念,将教学方法设计与教学大纲紧密结合在一起,使二者相互适应。根据英语教学目标,教师应设计与学生实践相符合的教学内容,以提高学生的积极性。

▶▶ 2. 主体实践者功能

商务英语教师的实践者功能是英语教学根本目标的要求。实践交流不仅是学生的任务,更是教师传授英语知识的最终目的。基于这一前提,商务英语教学不再只是理论知识的传授,更是在教学实践中不断地渗透理论知识,使二者有机结合。发挥教师的主体实践者功能,有助于激发学生的积极性,促进教学效率的提高。教师对商务英语教学效果具有很大影响,教师能否成为教学实践者,或者能否通过实践达到教学目的,都是现代商务英语教学中的关键。作为主体实践者,教师应参与到教学中,为学生设计符合其特点和能力的教学实践内容,并和学生共同参与,以便能够及时发现学生存在的问题,促进学生语言水平的提高。同时,教师与学生的互动使学生乐于参加实践,而实践则意味着实效和结果的产生,也代表着实现了思想与意识的目标。但总体实践目的要通过具体目标的实现来达到,因此在商务英语语言构建过程中,教师应充分发挥其主体实践者功能。

若将商务英语的话语构建当作一种教学实践,那么教师的主体实践者功能就体现为为学生设计和完善每个教学细节,帮助学生完成教学实践。这不仅是教学目标的要求,还是商务英语教师教学主体的具体体现。另外,教学理论与实践之间存在一定差异,教师的主要任务就是如何在教学中实现理论向实践的扩展,巧妙地将学生所学知识运用到实践中。商务英语话语构建具有目的性,因此提高学生的语言组织能力是关键,其中包括提高学生的语言表达能力、听说能力和写作能力等,这样才能提高其语言交际能力。

▶▶ 3. 主体文化传播者功能

语言与文化之间具有不可分割的关系。任何语言都具有自身的文化背景,因此商务英语教师不仅是语言的传授者,还是文化传播者。也就是在商务英语教学中,教师不仅要重视商务英语知识传授,还应注重语言文化的传播。尤其是作为交流的重要工具,语言文化一定程度上影响商务谈判的结果。因此,对于商务英语的语言构建,教师应起到文化传播的作用,帮助学生对自己的思想进行明确表达,并且帮助学生了解语言的文化背景,实现文化的传播。只有让学生了解语言文化,才能减少表达中的失误,从而促进商务英语交流。语言的跨文化特点是学生应该掌握的重点,教师在文化传播的过程中,应抓住中西文化的主要差异,做到全面且重点突出,使学生能够真正接触英语文化,提高商务英语谈判能力。

教师毫无疑问是商务英语教学的主体,其对文化的传播、对英语教学实践的设计,都影响着教学效率。教师担负着为社会培养商务英语专业人才的重要使命,其综合素质应进一步提高。当然,随着网络科技的发达,英语教学也应合理利用多媒体等教学手段,通过丰富的直观的教学手段提高学生积极性。与其他学科相比,商务英语具有很强的交流功能,如何体现其实际作用是英语教师的重要任务,也是学生习得语言的重要途径。也就是说,虽然教师的主体功能不能忽略,但学生的主观能动性同样重要。通过多媒体教学,可以达到调动学生积极性的目的,从而实现文化和语言的更好传播。通过研究教师在商务英语话语构建中的主体功能,分析了英语教学方法,目的在于激发教师的主体意识,便于教师在教学中发挥更明显的作用。商务英语教学应不断改革,体现教师的主体功能,提高教学效率。

三、商务文化意识培养的必要性

随着经济社会的发展,国际上的商务往来越来越多,在此背景下商务英语获得了极大的发展空间,商务英语专业的热度也越来越高,但是在实际的教学过程中,教师往往仅注重对理论知识的讲述以及对教材内容的理解,而忽略了对学生实践能力的培养以及对学生商务文化素质的提升,最终导致学生在商务活动中无法有效地利用所学知识解决问题,甚至无法理解常见的商务英语词汇。为了提升商务英语课程的教学质量与效果,商务英语课程在建设的过程中应当将动态实践教学作为主要的教学方法,并有意识地培养学生的商务文化意识,促进学生能力与素质的全面提升。

(一)培养学生商务文化意识的必要性

▶▶ 1. 语言与文化的关系

从本质上来看,商务英语属于语言类学科,但是它具有极强的实践性,强调学生对语言的使用能力,商务英语的使用范围是有一定的限制的,即语言使用场所主要为跨文化的商务环境。文化与语言不可分割,二者存在着辩证关系:首先语言属于文化的一部分,它是文化的主要表现形式之一,通过语言可以了解一个国家或地区的文化背景;其次,如果对一个国家的文化进行深入了解,那么就能够更加熟练与准确地应用该国家的语言,反之如果对一个国家的文化知之甚少,那么就很容易用错语言,有时还会引起不必要的误会。因此,为了提高学生对商务语言的实际运用能力,教师应当重视对学生商务文化素质的培养,提高学生对商务文化的了解程度。

▶▶ 2. 商务文化之间的差异

中西方文化存在着明显的差异,这在商务贸易上的表现也极为明显。首先各国在风俗传统、行为观念、价值取向等方面存在着差异,在商务往来的过程中,贸易双方通常对细节较为关注。对同一问题合作双方可能存在不同的看法,如果差异化的思想累积过多,就会对贸易互动的展开造成不良影响。其次在商务价值观上中西方也有差异,中国传统文化讲求集体主义,注重对整体利益的维护,而西方文化更强调个人主义,注重个性与自我价值的实现。例如在商务谈判中,我国谈判代表一般需要对集体进行交代,最终结果由投票等民主方式决定,而美国、英国等则将决定权全权交给谈判代表。最后是在经验管理方式上,由于国家间的文化差异,各国在企业文化与企业管理模式方面也存在着明显差异,因此各国的贸易形式、合作方式等不具有较强的一致性。

▶▶ 3. 商务英语的教学现状

在当前的商务英语教学中,很多教师仅注重对学生词汇积累、词汇理解、语言使用等方面的能力培养,却忽略了语言环境、语言文化知识的渗透,致使语言与文化之间出现严重的脱节现象。中西方文化之间存在着明显的差异,如果在贸易往来中学生以中式文化习惯或思维与合作方进行交流,那么就很容易导致冲突与误会的发生,影响贸易合作的效果。因此就教学现状来看,加强对学生商务文化意识的培养是十分必要的。

(二)培养商务文化意识的方法

动态实践教学即根据学生年级、学期的不同,设计不同的实践培养方案:低年级主要培养学生的听说读写能力、对商务基础知识的掌握能力以及计算机基础与办公软件的操作能力,高年级主要培养学生翻译、双向口译、商务法、商务金融、电子商务实训等能力。实践教学主要包括英语实践、商务实践以及电子商务实践三部分,这三部分实践同步进行,保证学生能力的全面提升。对商务文化意识的培养应当贯穿实践教学的始终。

▶▶ 1. 构建全面的动态实践教学模式

(1)师生互动模式

商务英语具有极强的实践性,在日常的课堂中,教师应当充分发挥课堂的作用,与学生进行有效的互动,启发学生的思维,让学生能够积极主动地参与到课堂学习中。教师可以在课堂上创设商务情境,让学生进行角色表演,形成良好的课堂实训氛围,在情境表演中,教师要首先肯定学生的努力,让学生建立起学习的信心,然后对学生实训中使用的不符合西方商务文化需求的语言予以纠正,加深学生对商务文化的理解,长期的实训能够提高学生的商务文化素养。

(2)人机互动模式

仅凭在课堂上的学习与实训,学生的能力是无法满足实际的商务需求的,因此不能让学生直接参与到企业实训中,否则很容易出现差错,继而影响企业贸易的顺利展开,也影响学生的健康发展。为了使学生具有一定的实践能力与经验,应当通过人机互动模式进行实践教学。学校应当引进先进的设备与软件,并建设专业化的模拟实训室以及语言实验室。商务贸易在经济活动中具有极为重要的意义,因此企业不可能轻易让缺乏经验的学生参与实践,此时人机互动模拟就显得极为关键,计算机具有智能化特征,能够与学生进行商务英语交流,同时软件严格按照实际的商务需求进行设计,因此其语言使用与商务文化相符合。长时间进行人机交流,学生的商务文化素养能够在潜移默化中得到提升。

（3）校企互动模式

校企合作是当前高等院校尤其是职业院校发展的主要趋势，校企互动能够实现优势互补，促进学校与企业的共同发展。首先，企业具备大量高素质的商务英语人才，因此学校可以聘请相关人才参与教学工作，提高教学质量与效果；其次，企业可以为教师培训提供实训场所，让教师深入到企业内部进行挂岗锻炼，从而提升教师的能力；再次，企业可以适当为优秀的学生提供实习场所，让学生可以深入到商务环境中锻炼自己的英语运用能力、商务能力，并在真实的环境中体会商务文化在贸易交流中的作用；最后，企业可以从院校中挑选高能力、高素质的人才到企业工作，使企业的人才资源得到不断的补充。

▶▶ **2. 把握动态实践教学开展的关键点**

（1）加大资金的投入力度

无论是师生互动、人机互动还是校企互动模式，都离不开资金的支持，因此学校应当重视商务英语课程建设中的资金投入，通过多种渠道获得专用经费。学校可以设置专项科研资金以及实训基金，专门用于动态实践课程的建设，除此之外，在与企业进行合作时，双方可根据自身的实际情况建立实习资金筹措机制，明确好各自的责任与义务，学校负责为企业提供人才资源与技术资源，而企业负责为学校的课程建设提供必要的资金支持，学生或教师在企业进行实训时，企业应当支付一定的报酬。

（2）促进课程体系的优化

商务英语专业学生需要学习的课程除了专业课程外，还涉及了众多基础性的课程，为了保证学生专业能力与素质提升的有效性，学校应当对课程体系进行优化，将非专业性课程的课时进行适当的缩减，增加专业性、实用性强的课程的课时，将就业优先作为课程体系设计的基本原则，保证学生有充足的时间进行实训学习。当课时增加以后，教师除了可以增加实训时间外，还能够将商务文化的学习引入到课堂上，可利用众多课外资源对学生进行教育，增强学生对商务文化的认知。例如，泉州院校就对自身的课程安排进行了适当的调整，将英语类别实践课与理论课的比例调整为 1∶1，将商务实践类的实践课与理论课比例调整为了 3∶2。

（3）加强相应的设施建设

设施建设也是动态实践教学开展的前提与保证，课堂实训中，教师需要用到多媒体设备开展教学；在人机模拟实验室中，学生需要利用智能化的计算机设备以及相应的软件进行实训。为了保证各项实训活动能够有效展开，学校应当加强相应的设施建设，积极引进先进的技术设备与软件如单证操作模拟系统与进出口操作模拟系统等，以满足实际的教学需求，提高实践课程的教学质量。

3. 培养商务文化意识的主要途径

（1）提高教师的能力与素质

为了保证商务文化内容能够有效地融入实践教学中，学校应当积极引进具有较高专业素质与能力的教师：首先教师自身应当树立商务文化意识，能够根据商务环境的不同改变英语交流方式；其次，教师应当掌握有效的教学方法，能够将商务文化的内容有效的融入课堂中，使学生能够在潜移默化中感受到商务文化的魅力；最后教师应当具有调控课堂的能力，能够在教学活动中调动学生的主动性与积极性，促进学生商务能力、英语交际能力、商务文化素质的全面提升。学校应当定期组织教师参与专业培训与考核，与企业展开合作的学校还可以让教师参与挂岗锻炼，深入到企业中进行实践，参与真实的商务贸易活动，加深对商务文化的感知与领悟，从而更好地对学生予以专业性指导。

（2）在课程中导入商务文化

课堂是学生了解商务文化的主要途径，教师应当对课堂时间予以有效利用，将商务文化导入到日常的课堂学习中。教师应对教材内容进行分析与整合，从文化层面上对语言内容进行讲述。以"狗"这个词为例，在中国文化中"狗"通常含贬义，代替坏人、坏事，如狐朋狗友；而在英语文化中常以"dog"一词表示褒义，如lucky dog（幸运儿）等。商务英语与通用英语在使用中是存在一定的差异的，因此需根据语境进行判断，如"保税区"，普通语境中可将其翻译为"tax free area"，但是在商务往来中，这一词语很容易被误解为"免税区"，为了避免产生不必要的误会，应将其译为"bonded area"。

（3）丰富教学方法及其形式

在商务英语教学中，教师在尊重学生的主体地位的基础上丰富教学方法与教学形式，提高学生在课堂中的积极性与主动性，让学生可以通过自己的探究感受商务文化。例如教师可以在课堂中设置商务贸易的情境,让学生自主设计对话,开展虚拟商务贸易活动,从而提高学生对商务英语的运用能力;也可以采用任务学习法或探究学习法,让学生带着问题进行实践或阅读教材,教师可以提出问题如"在外商接待环节中,接待者说'You must be very tired,sir. You'd better have a rest. Since you are old.'为什么会引起外国客户的不满?"学生经过自己的探究将充分了解商务文化意识在商务贸易往来中的重要性。

(4)开展多样的跨文化训练

在课堂实践中,教师可以为学生提供案例,让学生对其进行深入分析;也可以为学生播放关于文化差异分析的视频,让学生能够深入感受到中西方文化在语言表达上的差异。在企业实训中,教师应当对学生予以指导,避免学生出现严重的错误影响贸易活动的顺利展开。在企业实训的过程中,学生可能会参与商务翻译等基础性的工作,在对商务文件翻译时学生能够切实地感受到中外文化之间的差异,这在一定程度上能够提高学生的商务能力与素质。

结语:商务文化是一种无形的文化,它体现在国际商务活动的方方面面。如果在贸易活动中,合作双方没有考虑到文化差异,那么就很可能出现文化障碍甚至是冲突。为了培养具有较高专业素质的商务英语人才,学校在开展教育教学活动时应当注重对学生商务文化意识的培养,让学生了解商务文化的内涵与重要性,使之能够有意识地避免文化冲突。商务英语专业应当不断完善动态实践课程建设,让学生在实训中切实地感受到商务文化的作用,不断提升自身的商务文化素质。

第二章　英语教学与商务实践课程的开发

人们尽管认识到实践的重要性,认为职业能力的养成要在实践中完成,并且把"实践"作为职业教育课程区别于普通教育课程的主要标志,但另一方面,实际运作的课程仍然是以学问知识为主导的,仍然是所谓的"三段式"课程体系。当然,英语教育课程的问题远不止这些,诸如理论与实践相割裂、把实践简单地理解为仅仅是动作技能的训练、先理论后实践的课程安排模式等等,也都是其中很突出的问题。为什么会存在这些问题又如何去解决呢?本章试图对实践课程的理论基础进行初步探讨,为商务英语专业实践课程开发奠定一定的基础。

第一节　理论基础

本章我们将就英语教学与商务实践的课程开发进行讲解,在本节我们将从实践课程的理论基础入手,针对英语教学与商务实践的课程开发所需要的基础理论进行详细介绍,希望通过本节的相关介绍,广大读者能够理解实践课程开发的原则与相关理论。

一、新知识观

长期以来,受实证主义知识观的影响,教育者们注重的是学生对已有科学概念、命题、公式、事实、方法等的接受和理解,这种知识是客观的、普遍的和可靠的。为了使学生学会适应不断发展变化的社会,教育就必须加强普通文化课程与专业基础理论课程的学习,因为这些课程选择的知识都是经过实证的。因此,理论知识已经牢牢地统治了学校教学,实践教学没有其容身之地,而沦为理论教学的附庸。

随着现代知识型的逐渐解构,英国物理化学家和思想家波兰尼,在研究科学知识以及一般知识的性质时,特别是在批判近代以来知识界形成的实证主义知识观时,于 1958 年在其代表作《个体知识》中第一次提出缄默知识的概念,开阔了人们的眼界,使得人们对知识的性质有了新的认识。波兰尼经过长期的思索和探究后提出,人类有两种知识:显性知识和缄默知识。显性知识是指那些通常意义上可以运用语言、文字、符号或数学公式来表述的知识。而缄默知识则是指不能用语言、文字或符号进行逻辑说明的,不能以正规的形式加以传递的,不能加以"批判性反思"的知识。也就是那些平时为我们所意识不到的却深刻影响我们行为的知识。

和显性知识相比较,缄默知识是非常重要的一种知识类型。显性知识或明言知识的真正实现,取决于我们对这类知识的理解。"没有人会信服一个他所不能理解的证明,而记住一个我们并不信服的数学证明不能给我们的数学知识增加任何东西"。缄默知识是个体获得外显知识的向导和背景知识,它事实上支配着整个认识活动,对人的行为起定向作用,为人们的认识活动提供了最终的解释性框架乃至知识信念。

首先,缄默知识是大量存在的,正如波兰尼所说,人们生活于它们之中就像生活于自己的身体之中。高等职业教育课程内容的构成主题主要是技术知识和工作过程知识。技术知识是"观念形态的或精神状态的技术,亦即无形的技术;把在技术知识指导下进行的制造和使用人造物的物质过程看作技术知识的实现过程,亦即有形的技术"。工作过程知识是隐含在实际工作中的知识,不仅包括显现的指导行为的知识如规范性知识,也包括相联系的缄默知识,那些物化在工作过程中及产品和服务中的诀窍、手艺、技巧和技能等是最宝贵和最昂贵的工作过程知识。

其次,在科学理论证实的过程中,缄默知识也起着重要的作用。缄默知识是人类所有显性知识的"向导"和"主人"。对缄默知识的理解有助于我们更好地理解人类的认识和实践行为。与显性知识相比较,缄默知识在技术知识体系中占有更大的比例和更为突出的位置,具有更大的价值。缄默知识和显性知识共同构成个体总的知识体系,并且,几乎所有的外显知识都根植于缄默知识。缄默知识的获得主要不是靠读书或听课,而是要亲身参加有关实践,在实践中获取。缄默知识不像显性知识那样容易被记忆、复制和传递,但它们对工作过程的进程却是非常重要的,不仅是个人在实践和工作中取得成功的重要因素,而且成为现代企业核心竞争力的重要基础和源泉。

二、建构主义学习理论

建构主义学习理论反对行为主义用外部特定的刺激作为激发学生学习动机

的手段。建构主义学生观认为,知识不是通过教师传授得到的,而是学习者在一定的情境即社会文化背景下,借助其他人包括教师和学习伙伴的帮助,利用必要的学习资料,通过意义建构的方式而获得。

建构主义学习观认为,学习不是由教师把知识简单地教授给学生,而是学生建构自己的知识的过程。学生不是被动的信息吸收者,而是信息意义的主动建构者。学生根据自己的经验背景,对外部信息进行主动地选择、加工和处理,从而获得自己的意义。获得知识的多少取决于学习者根据自身经验去建构有关知识的意义和能力,而不取决于学习者记忆和背诵教师讲授内容的能力。

建构主义的教学观认为教学应从问题开始而不是从结论开始,让学生在问题解决中进行学习,提倡学中做和做中学。建构主义教学不是简化环境,而是要学习者在复杂的环境中学习并工作,要求把所有的学习任务抛锚在较大的任务或问题中,重视学习者发展对整个问题或任务的自主权。教师应该在课堂教学中使用真实的任务和学习领域的一些日常活动或实践。教师应设计支持并激发学习者思维的学习环境,鼓励学习者根据可替代的观点和背景去检测自己的观点,提供机会并支持学习者对所学内容与学习过程的反思。反思和思考是意义建构的关键。在整个教学过程中学生是教学活动的积极参与者和知识的积极建构者,教师成为学生学习的高级伙伴或合作者。

实践课程就是基于建构主义学习理论的探究性学习模式。实践课程与建构主义学习理论都强调活动建构性。在实践课程中,通过实验、实习、课程设计、毕业设计论文、社会调查、生产劳动等具体的实践环节,通过合作学习,在解决具体问题情境中完成对知识的意义建构。

三、情境认知理论

学习理论先后经历了行为主义、认知主义到建构主义的转变。目前,情境认知已成为一种能提供有意义学习并促进知识向真实生活情境转化的重要学习理论。情境认知理论认为,思维和学习只有在特定的情境中才有意义。所有的思维、学习和认知都是处在特定的情境脉络中的,情境性在所有的认知活动中都是根本性的。不存在非情境化的学习,脱离情境的学习是没有意义的,是无效的。这样的学习至多是学习这些知识,而出了校门却不会用。一切有意义、有目的的活动都是真实的。这样,真实活动可以最简单地定义为日常的实践活动。然而,教育提供给学生的则常常是被传统学校文化扭曲了的真实活动的劣质替代品。讲授式的教学、被动的学习和形式化的成绩测试与评估被隐含在学校的这种自给自足的文化之中，形成了至今在学校中占有优势的传统教学模式。因此产生的结果是与学校教育培养人才的目标相反，在学校文化中的成功者未必能够成为真实职业世界中的成功者。

情境认知理论强调情境活动的真实性和真实的活动。在情境认知理论看来，"学生为形成专家使用的技能，他们必须从事类似的认知活动——真实情境中的真正任务"。真正的任务是具有凝聚性的、有意义、有目的的活动。因为，真实性具有重要的潜在的动机资源，能帮助学生形成对情境意图的觉察，指引学生的活动，即真实的情境是向学生暗示了情境资源和相关问题解决情境的一种先行组织者。实践课程正是试图通过设置基于工作的、模仿从业者真实活动的学习环境，或借助信息技术设计的逼真、仿真环境和虚拟实境来提高学习的有效性，并保证知识向真实情境的迁移。实践课程的内容主要来自工作世界的实践任务，学生是在完成实践任务的过程中获得职业能力的。

四、杜威实用主义教育理论

杜威针对传统教育中的弊病"以教师为中心，以书本为中心和以课堂为中心"，提出了实用主义教育理论。概括起来，其主要观点包括以下几点。

(一)主张"儿童中心"，反对传统教育的"教师中心"。

杜威说"在学校里，儿童的生活成为决定一切的目的，凡促进儿童成长的必要措施都集中在这个方面"。他说，由教师中心改为儿童中心，"这是一种变革，这是一种革命，这是和哥白尼把天文学的中心转到太阳一样的那种革命。在这里，儿童变成了太阳，而教育的一切措施则围绕着他转动，儿童是中心，教育的措施便围绕他而组织起来"。实用主义反对传统教育忽视儿童的兴趣和需要的做法，主张教育应以儿童为起点。

(二)主张"从做中学"，反对传统教育的"书本中心"。

杜威认为，"在做事里面求学问"，比"专靠听来的学问好得多"。学校课程的真正中心应是儿童本身的社会活动,因而提出儿童应"从做中学",从自身的活动中去学。为此,他提出要以生活化和活动教学代替传统的课堂教学,以儿童的亲身经验代替书本传授。与他的"思维五步法"相适应,他认为教学也有五个阶段:一是学习者要有一种"经验的真实情境";二是在这种"情境"里面,要有促使学习者去思考的"真实的问题";三是学习者必须具有相当的知识,从事必要的观察以对付这种问题;四是学习者须具有解决这种问题的种种设想;五是学习者把设想的办法付诸实施,检验这种方法的可靠性。这五个阶段其实是从实践中培养学生的能力。

(三)主张"教育即生活",批判传统教育的"课堂中心"。

杜威认为在不断变化的社会中,教育是不断地改造经验、重新组织经验的过程。根据这一思想,他主张"教育即生活,不是生活的预备",并由此提出"学校即社会",要把现实社会生活的一些东西组织到教育过程中去,使学校成为一个"雏形的社会"。杜威提出这样的教育概念,是针对"传统教育"的。他认为"传统教育"远离生活,不适应美国现实的需要。他指出"传统教育"有三个弊病:第一,"传统教育"传授过时的死知识,这种知识以固定的教材的形式提供给学生,教师照本宣科,学生死记硬背;第二,"传统教育"按照过去传下来的"道德规范"去训练学生;第三,"传统教育"的教师"是传授知识和技能以及实施行为准则的代理人"。

实践课程是以真实的或模拟的情景为出发点,让学生利用校内外的各种资源和自身的经验,采用"从做中学"的原则,通过在真实的实践活动中来获得知识和职业能力。实践课程包括的工作过程知识不是从理论知识中引导出来的,它与反映的工作经验相适应,并指导实际的职业劳动。工作过程知识是隐含在实际工作中的知识,不仅包括显现的指导行为的知识如程序化知识,也包括相联系的隐性知识,那些物化在工作过程中及产品和服务中的诀窍、手艺、技巧和技能等是最宝贵和最昂贵的工作过程知识。实践课程强调真实、强调活动,与杜威的实用主义教育理论是一致的。

第二节　实践课程开发探究

商务英语专业实践课程开发包括课程目标的开发、课程内容的开发、课程的实施和课程评价四个方面。本节将从上述四个方面探究商务英语专业实践课程开发问题。在商务英语专业实践课程开发过程中只有注重企业的需求、学生的个性发展、教师教学实施的有效性等方面，才能开发出符合职业教育培养目标的商务英语专业实践课程。

一、商务英语专业实践课程目标

这里的课程目标是指商务英语专业整个实践课程计划的目标。确定课程目标是课程开发的第一步，如何确定课程目标是课程开发要思考的第一个问题。商务英语专业实践课程目标的确定，应该做到以下几点。

（一）以市场需求为目标

企业在招聘商务英语专业人才时，我们发现他们更注重的是毕业生的商务操作技能和综合素质，诸如日常工作中的文书写作、待人接物、团队合作等。在选派驻外机构人员时，企业看重的是员工应有的良好道德品质、吃苦耐劳精神和业务拓展能力。同时，企业对人才的需求强调的是复合型应用人才，因此，商务英语专业实践课程目标，一方面要注重培养学生具有扎实的英语功底，听说读写译基本功过硬；另一方面能让学生具有企业运营的各方面知识和操作技能，不仅能做进出口业务，还要在拓展市场方面，诸如产品开发、广告策划、维系客户等环节有所贡献。

（二）以技术应用为目标

》》 1. 英语交际能力

语言是交际基础，是从事涉外商务和对外贸易的重要工具，作为商务英语专业人才至少要能与外商在日常工作中进行准确无误的交流。商务英语专业的语言基础课程内容不是单纯的语言基础，而是把语言和商务知识有机的结合，做到你中有我，我中有你。学生通过基础课程的学习，既巩固加强了英语基础，提高了语言能力，同时渗透糅合在基础英语里的商务英语词汇、用语、结构等也让学生对商务知识有了初步的认识，使得学商务英语的学生比普通英语专业的学生的英语知识面更宽泛些，时代感更强些。商务英语专业实践课程开发过程中就要明确学生能在特定目标语境中获得有效的英语应用交际能力,具体说,就是使学生在英语语境中学习商务领域的专业知识,又使学生通过专业知识的获取,强化商务英语技能,并且能够用英语有效地进行商务交际。

2. 以培养学生实际商务操作能力为目标

商务英语专业所培养的人才应具有一定的商务运作能力和职业能力,即学生的动手能力和实践能力,这是除语言技能之外的商务工作基本技能,如商务领域的业务操作能力和运作能力等,这是商务英语人才工作和发展所必需的一种能力。

(三)以形成综合商务操作能力为目标

1. 基本商务操作能力

调查研究表明,企业用人单位最看重的是毕业生的实际工作能力。因为商务英语本来就是一门实践性很强的专业,所以对学生动手能力的培养至关重要。商务英语专业实践课程的设置应把进出口业务的具体操作作为培养学生动手能力的切入口。"外贸英语函电""国际贸易实务""进出口业务"等课程是商务英语的主要实践课程。特别要提的是"进出口单证实务"这门课程。它是进出口单证的操作指南,而操作单证是进出口业务中最为基础的工作。如果我们的学生在校学会了如何操作这些单证,是不用担心找不到工作的。所以,把具体操作进出口单证作为一项重要技能来传授,是培养操作型、实用型商务英语专业人才的重要一环。

2. 综合商务实践能力

商务英语专业实践课程的综合实训应该以进出口交易基本过程为主线,以具体出口商品交易为背景,实现出口贸易中业务函电的草拟、出口报价与还价核算、交易条件的磋商、出口合同的订立、出口货物的托运订舱、报验通关、信用证的审核与修改、贸易文件的制作和审核等主要业务的系统综合,涉及外销员、制单员、结算员、检验员等多个岗位。实训中既要涉及英语、计算机、电子商务专业知识和专业技能等多个方面,也要实现国际贸易、国际贸易实务、国际市场营销、国际金融与结算、外贸函电、报关理论与实务、电子商务应用、商务英语等多门课程的综合。在实训课程中不仅要进行业务实训,而且让学生考虑如何设置业务岗位。当然,光靠基础英语课上的商务知识的浸润是远远不够的。随着社会经济的不断发展,中国在更广阔的领域,更深层次地融入国际经济生活。

现代经济赋予了商务英语更新的概念,大经贸格局已经形成,商务活动超越了外经贸的范畴。为此,在商务英语专业实践课程开发中需要考虑培养学生具有综合宽泛的商务知识,除外贸以外,还应开设与金融、财务、保险、法律、管理、证券等有关的课程,供学生选修。学生在校三年,我们不可能把他们培养成全才,但是,通过以上课程的学习,可以开阔学生视野,扩大知识面,为他们的可持续发展,为将来事业需要进入某一行业的学习打下基础。

(四)以获得职业资格证书为目标

作为商务英语专业的毕业生,将来的就业岗位必然是商务领域中的生产、管理、服务等一线工作岗位。2017 年,劳动部、教育部、人事部联合发文《关于进一步推动职业学校实施职业资格证书制度的意见》明确提出了院校必须实行"双证书"制,也就是要求院校的毕业生必须在取得高校毕业证的同时,还拥有"职业资格证书"。但传统的课程设置往往做不到学校教学与"职业资格证书"考试的同步完成,或是学校所开设的课程与职业资格证书的国家职业鉴定标准和社会行业的需求不相吻合。学生如要考取"职业资格证书"则要另外交纳一笔不菲的培训费参加考前培训。

英语商务专业要想真正实施好"双证书"制,必须打破传统的课程设置模式,将"职业资格证书"考试比如"全国国际商务英语培训认证考试证书""剑桥商务英语初、中级证书""外销员证书""报关员证书"和"单证员证书"等的职业标准和考试大纲直接引入到专业实践课程设置中。目前,社会上热考的"外销员资格证书""单证员资格证书""报关员资格证书"等,是进入用人单位的敲门砖。总而言之,商务英语专业实践课程目标可以概括为培养德、智、体、美全面发展,具有良好的综合素质和英语听、说、读、写、译的能力,熟悉国际商务的基本理论知识和操作程序,并能熟练运用现代办公设备从事国际商务活动的,适应国际商务第一线需要的高等应用型专业人才。

二、商务英语专业实践课程内容

确定了课程目标之后，如何围绕目标选择和组织课程内容，这是课程开发要思考的第二个问题。商务英语专业实践课程内容开发应该做到以下几点。

(一)体现语言应用技能与商务实践能力

商务英语人才培养过程中，语言基本技能和商务操作技能培养由主干课程实践部分完成，主要培养学生英语基本的听、说、读、写、译和国际商务基本操作技能。课堂教学中注重培养学生的语言基本技能和商务知识技能，提高学生的英语听、说、读、写、译和国际商务基本操作的能力。商务英语专业实践课程的特点是有着明确的特殊目的和特殊内容，即专门化的内容。它是融商务业务知识与英语于一体的实用英语课，其教学是围绕着特定的目的和内容而进行的。商务英语是以目的语为媒介，为商务活动服务的，所涵盖的内容涉及与商务有关的诸多领域以及开展商务活动的各个环节。

因此在课程设计中，常常有对目标语境所要求的交际任务的模拟活动，如公司介绍、产品演示、撰写工作报告、市场调研、商务会议、商务谈判等。在开展这些活动时，教师应提供充足的语料，同时调动学生利用各种资源收集有关信息和资料的主动性。学生在收集资料过程中，本身就是在学习真实英语材料，同时也是能力的培养。这种目标明确的活动更容易激发学生的积极性。由于商务英语学习者的特殊性，其课程内容更倾向于语言功能和语言活动，强调语言的输出，重视语言交际能力的培养，其表现形式是以学生为中心，其目的是为了让学生获得与其社会目的相关的终端行为能力。

(二)体现专业应用能力与社会适应能力

商务英语专业实践课程的内容应该体现专业应用能力和社会适应能力。专业应用能力和社会适应能力主要通过课内外社会实践活动和一系列外贸实践课来完成，如商务谈判、商务函电、进出口单证制作等应用型商务英语人才必备技能的训练，体现以培养学生商务英语沟通能力和商务技能为中心的专业实践课程特色。同时，课外争取更多的机会让学生了解企业基本管理框架和运行模式、企业文化、岗位职业能力要求等,例如举办各类学术讲座和专业教育,激发学生的学习兴趣。为了拓宽学生知识面,提高学习兴趣,定期邀请有丰富企业工作经验及教学经验的专业人员来到校内,就相关专题举办讲座,向学生介绍专业知识,使学生了解本专业最新动态、社会对该专业人才的需求和要求,树立学生职业意识,激发学生对本专业的热爱和兴趣,开阔学生的视野,使学生在学习期间就对未来的就业岗位有较全面及正确的认识。

社会实践活动是锻炼学生能力的极好场所,是检验学生理论学习成果的练兵场,是提高学生思想品德的有力措施。为了提高学生的实际应用能力,以校外实训基地为依托,为学生提供真实的工作环境。如:通过在进出商品展览会的实习,学生对国际商务活动、对外进出口公司等办事机构的管理及操作有了认识;通过在酒店的实习,对酒店的经营管理与运作有了了解;通过组织学生到幼儿园、贫困山区的希望小学进行义务支教,使学生受到启迪。通过以上这些实习、实践活动,使学生及早了解社会、进入社会。这不但培养了学生的谋职能力,也增加了学生的职业认识程度。让学生投身社会,锻炼他们吃苦耐劳、爱岗敬业、谦虚好学的精神。

(三)体现综合实践能力与技能有机结合

商务实践课程以桥梁课程"商务英语"为基础,通过进出口业务洽谈、进出口业务函电、商务英语翻译、进出口业务模拟谈判、进出口函电案例处理、进出口单证制作、商务管理操作、商务英语写作、市场调查与分析、职业资格实训、社交礼仪等一系列应用型实践、实操、实训课程,将课堂教学内容贯穿于公司、企业的各种运作或营销活动之中,为今后的商务活动打下基础,培养学生专业技能和应用能力,以适应职业岗位要求。到毕业之际,学生的专业综合实践能力能通过毕业实习和毕业论文来完成,到有关生产单位参加实际工作实习,综合应用所学知识和技能,解决生产实际中的有关问题,并写出相关的毕业论文,以达到毕业就能直接上岗、从事相关工作的要求。

三、商务英语专业实践课程实施

选择和组织好课程内容之后,怎样实施这些内容,教学的方法和实施的途径有哪些,这是课程开发要思考的第三个问题。商务英语专业实践课程实施方法和途径如下。

（一）运用行动导向教学方法

首先，要遵循语言学的基本理论，加强英语的连贯表达能力的培养。其次，教学活动中的语言训练贯穿于模拟的商务情景和商务活动，用规范的语言完成经贸洽谈的多种环节，掌握专业词汇、术语和语体，从而加强语言的应用能力和专业知识的实际操作能力。最后，教学方法也可以遵循商务英语教学中所使用的任务教学法。按照 Nunan 的定义，任务，即交际任务，是学习者用目的语进行理解、操练和产出的课堂交际活动，学习者的注意集中在意义而非形式。

英语本身就是一个实践性很强的学科。绝大多数课程可采取精讲多练、讲练结合的授课模式，融讲解和操练为一体。其中英语口语、英语视听、英语口笔译、英语语音、商务英语、商务函电实践操作练习比例更大，在口语实践中起用外籍资深教师。在外语教学中强调情景直观。在语言实验室上课时可充分利用现代技术手段将图片、音像、动画等直观手段让学生置身于模拟情景、直观情景、故事情景、生活情景中，在不同层次上进行广泛的语言和商务实践。有些课程课堂实践活动手段丰富多彩，采用分组、游戏、比赛等互动活动方式营造外语气氛。通过这些课堂活动来提高学生英语听、说、读、写、译以及商务知识的应用能力。

"教学有法，而无定法"，针对商务英语专业实践课程的不同内容，可以分别采用课堂讨论、现场观摩、案例分析、实地参观、现场模拟、角色互换、实际操作等多种方式。以情景模拟为例，一套进出口单据涉及的单位有进出口公司、银行、税务、海关、商检局、保险公司、运输公司等等，课堂教学可以在模拟场景中进行，让学生分成几组，各自担任不同的角色，讲解与模拟操作同时进行。明确实践教学的组织方式包括单项实训与综合实训相结合；课内实践与课外实践相结合；校内实训与校外实践相结合。单项实训指在不同课程教学过程中进行某一方面或某项基本技能训练。综合实训是指在学习几门相关知识、技能后，完成岗位基本技能训练以提高某方面的能力，如多种商务角色模拟训练。课内实践是指随课堂进行的实训活动，主要通过教师的指导、演示，教给学生分析、解决问题的方法。课外实践是由教师出题目，学生独立、创造性地发挥主观能动性进行解决问题。

总之，商务英语专业实践课程的教学应有助于学生将语言训练和商务知识融为一体。教学以获取信息为目的，培养学生运用中等程度的英语从事商务活动的能力，加速学生将理论知识向技能转化过程，从而加速对理论知识的理解，增强操作熟练程度。

(二)加强校内外实习实训基地建设

实训环节是高专教学的重要内容,实训基地是实训课程的平台,校外实训基地建设是校内实践教学的延伸。商务英语专业实践课程的实施除了加大对教学实验设备建设的投入,让学生在校内进行必要的模拟实验外,还应建立稳定可行的校外实训基地,把校内与校外的教育教学资源结合起来。学生通过校外实训基地的锻炼,可以积累一定的实践经验,激发对专业知识的学习兴趣,毕业后能够快速地融入工作环境。笔者认为,在面临诸多问题的情况下,应该采取循序渐进的方式,积极与地方企事业单位签订长期接纳实习、互惠互利的合同,逐步建立"协作型"与"合作型"校外实训基地。

四、商务英语专业实践课程评价

作为一个完整的程序,商务英语专业实践课程开发的最后一个环节是确定如何评价学生对课程内容的掌握情况。教育培养目标的特殊性决定了课程的评价必然存在内部和外部两种不同的评价标准,来自学校的教学考评和来自社会、企业的从业资格认可。目前学校内部的教学考评遭到了众多的批评,认为与商务实践相脱离,不能真实地反映学生的语言交际能力和商务实践能力,不能有效地服务教育培养目标,不能为企业培养合格的应用型人才。为此,商务英语专业实践课程评价可采取以下策略。

(一)职业资格证书评价

通过调查研究发现,企业对商务英语专业人才的需求,优先认可大学英语四级,因此我们可以将剑桥商务英语证书考试纳入评价范围。根据商务工作人员业务水平的需要,对考生在经济和一般工作环境下使用英语的能力从听、说、读、写四方面进行全面考察,并提供标准统一的权威证书。因此,该考试可被各类机构,特别是在工作中需要使用英语的经济部门,用来在招收职员时作为商务工作人员的验证。对用人单位来说,将为求职者提供权威和统一的英语能力标准,而对该专业学生来说,这张证书无疑将是今后求职就业的重要砝码。

(二)全方位评价

实践课程教学是院校的重点工作,因此对学生在实践教学中的表现进行有效全面地评估是非常关键的。对学生在实践中的表现进行评估是确定其职业能力的核心,是确定其技能水平的直接依据,是确定其理论转化为技能的有效手段。商务英语专业实践课程亦是如此。对此,评估的办法有以下几点。

第一,对所有商务英语实践进行量化评估有一定的困难,可采用等级制为主,百分制为辅的方法。第二,让学生参与评估,使评估的主观性降到最低。实践教学的过程通常比较长,指导老师难以在短时间内了解所有学生的表现,若能指导学生互评,不仅可以提高评估的质量,还可以通过竞争提高实践的质量。在使用时要注意:一要注意学生评价结果与老师评价结果的权重,二要注意学生代表的选择。第三,建立校企联合评估机制,加强评估的有效性,引进相关企业的商务英语专业人员对学生的实践能力进行专业评估。

由于中小企业对商务英语人才往往没有足够的考核能力,所以人才输出单位在考核中为用人单位把关,提供一份与众不同的、有一定分量的证书对学生的就业很有帮助,同时又可以提升学校的知名度,树立学校品牌。企业需要马上为它解决问题的人。"马上"和"解决问题"是企业用人的重要标准。所以通过实地实习或模拟实习有助于学生"马上"适应企业试用期并通过考核,通过鉴定考核学生理论知识的应用,有助于提高学生"解决问题"的能力。人才输出单位如果做好了实习与评估的工作,对用人单位、毕业生和学校都具有重要的实际意义。

第三章　英语教学与商务实践的现状

随着中国"入世"的深入和经济全球化趋势的发展,中国与世界各国的交往于交流日益密切,进出口贸易日益频繁。这就迫切要求培养大批熟练掌握英语同时懂得国际贸易谈判、商务礼仪、商务办公、交易程序履行等商务知识的应用型和综合型的人才;于是国内掀起了学习商务英语的热潮,许多院校也都开办了商务英语专业。在本章,笔者将带领大家就国内英语教学与商务实践的现状进行讨论。

第一节　国内英语教学与商务实践的现状

我国商务英语专业的起步及真正发展是在最近二十年,尽管时间短暂,但商务英语专业已经迅速成为当今的热门专业之一。目前我国的商务英语专业教学在认识上还存在不同程度的偏颇。现行的商务英语课程体系,从教材选择、教学环节到教学方法基本上沿袭了普通英语的教学模式。商务英语教学只注重语言和商务基础知识,即英语专业知识类课程+商务类课程的课堂理论知识教学,缺乏真实商务背景下的实践教学;商务英语教材普遍内容陈旧、形式单一,缺乏操作性和实践性;商务英语教学缺乏特色,没有针对性,衡量教学效果就只是以课程考试的合格率和和剑桥商务英语等考试的通过率为标准,缺少实践能力的评定。

商务英语属于专门用途英语,是一种在国际商务活动中进行交流、沟通的工作用语,是商务人员必须掌握的一项职业技能。这就决定了商务英语的实用性质,其教学应以学生的就业为导向,注重培养学生职业英语应用能力,为学生毕业后的就业应聘和胜任所从事的工作服务。在本节,笔者将就国内英语教学与商务实践的现状进行介绍。

一、我国的实践教学环节薄弱

商务英语专业学生主要的就业岗位为外经贸领域业务岗位、行政管理岗位、文秘岗位等;从事涉外商务代理、外贸制单、涉外咨询、商务文秘、商务翻译、商务管理和市场营销等工作。所以培养目标要有针对性,要了解本地区人才市场的需求服务地方经济。衡量教学效果应以学生的就业能力和用人单位的满意度为标准。目前由于各院校商务英语专业课程设置以理论教学为主的现象非常普遍，致使多数院校都存在实践教学环节薄弱的问题，对于商务英语专业该如何开展实践教学、如何建立完备的校内实训中心和运行良好的校外实训基地没有具体明确的目标和要求。实践教学管理和组织实施不到位、缺乏具有商务英语专业实践教学的师资、配套的实训实习条件相对落后。实践教学资源的匮乏制约着商务英语实践教学的开展。实践教学环节薄弱主要表现在以下四个方面。

教学方式单一。商务英语教学的根本任务在于培养学生在具体的商务工作环境中实际运用语言的能力和以英语为手段应对各种商务问题的能力与跨文化交际的能力。但在具体的教学实践过程中，许多院校仍采用简单的填鸭式或一言堂式的教学方法，实践训练在教学计划中所占的比重甚少，基本都是徒有形式，忽视了对学生实际商务能力的培养。

师资的专业结构单调，缺乏相应的商务英语专业双师型人才。目前从事商务英语教学的教师大多是从单纯语言教学的教师转型而来，他们具有深厚的语言功底和娴熟的教学方法，在一定程度上帮助学生掌握英语语言的基本技能。但是他们没有经过系统全面的商务专业知识培训，缺乏企业工作经验和行业知识背景，往往会把商务英语当作传统的语言课来上，不能很好地指导学生正确解决和处理商务活动中的实际问题。

由于商务知识贫乏，缺乏实际的商务工作经验，在授课过程中，经常会遇到一些自己也一知半解，甚至根本不懂的专业术语或理论，只得上网查资料，或向商务贸易类的教师求教，因此作为公共英语专业出身的教师根本无法灵活自如地传授商务专业知识，更无法真正有效地实施商务英语专业的实践教学。另一些教师是从国际贸易等相关专业转过来的。他们具备系统的商务专业知识结构，能够帮助学生很好地理解商务理论知识，但是英语基本功不扎实，而且大部分也商务工作的经验也有限，在课堂中还是以传统的理论教学为主。还有部分教师是刚刚毕业的商务英语专业本科生或硕士生，具有系统深厚的基础理论知识，熟练掌握网络、多媒体等多种现代化的教学手段，是专业发展的主力军。但是，他们不仅缺乏专业实践经验而且缺乏教学科研能力。从上述现象中不难看出国内商务英语专业双师型人才奇缺。

教学的评估方式片面。教学评估既是教师获取教学反馈信息、改进教学管理、保证教学质量的重要依据，又是学生调整学习策略、改进学习方法、提高学习效率和取得良好学习效果的有效手段。但目前很多院校的教学评估方式只以卷面考试成绩为主，主要评价方式是：课堂观察、期中测试和期末测试。这种教学评估方式不能够激励学生将所学知识运用于实践，也不能反映学生真实的能力水平。

商务英语专业毕业生的商务实践操作能力不强，主要原因就是多数院校在教学中对该专业的实训实习不够重视，与理工科专业相比，建设投入明显不足，实训实习条件落后。因此造成该专业的毕业生不能马上进入工作角色中，无形中延长了他们的见习期，与用人单位实用型商务英语人才的需求有落差。国内的各院校商务英语实践教学的计划安排占整个教学计划的比重较小，而且实践课程的设置几乎是千篇一律，未形成具有自身特色或地方特色的实践教学课程体系。在这种教学体系下培养出的学生能力水平肯定也是大同小异，就业时不具备特殊的竞争优势。

二、缺乏实践教学及课程

（一）商务英语实践教学必要性认识不足

学校、教育管理部门、学术界不够重视对高等教育学校商务英语的实践教学研究。从文献上来说，开放大学商务英语专业的实践教学的期刊、论文几乎为零。显而易见，对商务英语实践教学的必要性认识不足。我国商务英语教学起步较晚，相关研究是从 20 世纪 90 年代兴起并快速发展。中职院校对商务英语的实践教学研究比较多，在实际教学中，有实践基地、实践课程、顶岗、实训等，还有实践教师负责开展实践教学。商务英语实践研究大致分为从 2010 年至 2015 年的实践教学构建研究阶段，从 2015 年至今是实践教学创新研究阶段。这两个阶段虽然取得了很大进度，但仅有力推动了我国中职院校商务英语专业教学改革和发展。综上所述，实践教学研究尚属于初试阶段，停留在设计阶段，研究成果缺乏可操作性、实用性和普适性。

商务英语教学"重知识、轻实践"。商务英语学科的语言学：商科知识：商务活动的理想比例应为1:1:1，三者相辅相成、同等重要。

缺乏对商务英语突出 ESP 英语功用性特点的认识,ESP 教学与特定职业需求不可分割,即职业岗位能力(实践能力)紧紧围绕着商务英语教学。与普通英语的区别:一是学习者的学习目的具有明确性,即学习者需要获得在某学科、某行业内使用英语的能力;二是学习内容的专门化,在某一专业或职业上实现英语知识和技能专门化的应用性课程(实践课程),同时也与各行业的专业知识密切联系。符合商务英语专业人才的培养目标:不仅具有扎实的基本功,而且具有相关专业知识,较强的能力的复合型人才,即"外语+专业"模式。简而言之,实践教学不容忽视。

(二)不太重视提高学生职业岗位能力

课堂活动安排最大限度为了考试,对提升学生职业岗位能力的作用微乎其微。有学者分析,学生最喜欢的课堂活动是补充案例,也是教师最多采用的课堂活动,更是师与生互动最强烈的课堂活动形式。学生的需求与教师实施的课堂活动匹配程度不高,影响学生职业岗位能力的提高。人本主义心理学代表人物马斯洛和罗杰斯,认为每一个人都具有发展自己潜力的能力和动力,个体可以选择自己发展的方向和价值,并对自己选择的结果负责。课堂活动首先符合课程目标要求,其次注重课堂活动中的教与学的互动,最终达成培养人才的目标。一切教学活动出发点和最终归宿都是为了满足商务英语人才培养的目标,即学生提升职业岗位能力的需求。然而,在现实教学中并非如此,教师的"教"与学生的"学"的目标没有完全一致。

由于学校资金、条件等限制,虽有考虑过实践课程、实践基地的设置,但逐渐被淡忘了。国内引入工作本位学习理念,部分国外学者的观点倾向于把工作本位学习"简单地将之限定于学习(不是教学),发生在工作场所(而不是学校)";"工作本位学习是指从工作(有报酬或没有报酬)中学习";"工作本位学习指那些得到学术认可,在工作中进行有计划性和代表性的学习"。我们不能全盘接受舶来品,需要结合我国特色,改进以后才能采用,目前,笔者沿袭使用实践教学(课堂内、外的实践活动)来阐释相关问题。

在经济全球化趋势的影响下,学习英语不再单纯是为了应试或应对一般的交流,而更多是为了能使用英语更好地处理商务事宜、获取行业信息、销售和推广产品等。香港大学副校长程介明指出,许多年轻人在他们一生中必须面对多种职业。毕业生拿到文凭希望跳槽到新公司且一到就能上岗。

三、教学方法和手段相对陈旧

(一)传统教学观念未彻底改变

传统的"讲授式"(老师讲,学生听)的教学方法,优势是能在较短时间内传授较多的系统知识。一定程度上帮助学生顺利通过考试,但也造成了目前中国英语教学普遍存在的"哑巴英语""聋子英语"。目前,商务英语教学的课堂仍然是"粉笔＋黑板"即 PPT。

教学方法和手段虽有改革,但教师没有彻底改变教学观念。教学方法应该由单一化发展到多元化、趣味化才能提高学生商务英语的学习兴趣,教学内容应从主要讲授英语的语法、词汇转变为以训练提高学生听、说、译的功用和交际能力中去,提升学生商科知识和商务活动能力。

教师对自身能力偏差略有担心。教师直言如果学生真正互动起来时,不能完全"传道、受业、解惑"而会丢面子。由于学生英语基础较弱,不能采用多样化教学方法。教师虽努力尝试调动学生参与课堂活动中来,但是学生的积极性毫无起色,白白浪费时间影响教学进度的顺利完成。教师和学生无法逃避应试教育的现实,传统教法成为首选。教师说为了学生能够顺利通过测验和考核,传统教学方法有很大的优势。

(二)多元化教学方法未被广泛采用

目前应试教育制度没有彻底改革。传统教学模式悄然发生改变,增加了"以学生为中心的教学模式","网络教学模式"等其他教学模式,案例、表演游戏、自主学习等教学方法和手段,也正慢慢开始被教师采用。教学中,多数教师知道使用多元化教学方法和手段,可以增加课堂信息量,可以模拟真实的商务情景开展商务活动实践,可以为学生提供丰富的学习资源,创造有利的教学环境,帮助学生理解学习内容并加深印象,也有利于调动学生的学习积极性。然而,教师、学生围绕考试而学习的目的并没有太大改观,教学首先沿用传统教学方法才能最大限度提高考试通过率,其他目标和活动只能让位居后才被考虑。

教学方法和手段未被一一证实有价值、可操作性。"互联网十"时代的产物十分丰富,然而,网络资源建设并不完善,除了在线讨论和做题以外,几乎没有其他可看可学的资源,网络教学相对单调、乏味,远远没有达到预期效果。不熟悉的、新的教学方法和手段大多数仍然停留在设计和研究层面,没有可操作性,理所当然不太容易获得一线教师的认可。

第二节　国外实践教学的发展趋势

国外教育强调实践课程和实践教学,工学有机结合,重视基础复合人才的培养和动手能力的培养,这种体制培养出来的人才具有较强的职业能力,因此大受企业的欢迎。在本节中,笔者将带领大家一起去探究下国外实践教学的发展趋势与发展状况。

(一)西方国际商务专业实训教学理念

西方国际商务实训教学目标就是培养满足国际商务活动的实践型和复合型人才,让学生在实践性教育环节中,学会如何将语言类课程的知识与商务类课程的知识融会贯通,将专业基本理论与实际紧密结合,用理论指导实践,在实践中扩大知识视野,拓展实践能力。西方国家在实训教学中普遍遵循"做中学、学中做"的理念,也就是所谓的"学做合一"理念。最具代表的是新加坡南洋理工学院,其提倡"教学工厂"的教学理念。"教学工厂"的理念是将学校、培训中心、企业三元合一,将学校教学和企业项目研发有机结合,将企业环境引入学校,以技术先进、设备完善的生产科研中心为教学背景,实现理论与实践、职业教育与职场就业、学校与社会的无缝对接。

(二)西方国际商务专业实训教学方式

▶▶ 1.模拟企业运作的综合实训

综合实训是从专业的整体知识技能构建的角度和职业技能培养的需要来安排的,目的是通过模拟真实的企业环境,使学生熟悉和掌握国际商贸过程的各个环节。西方发达国家的职业院校在商务人才的培养过程中面向实际部门,指导学生自己创建虚拟公司,设定部门和岗位,分解任务,然后进行角色分配,对国际贸易工作进行模拟,教师在其中只扮演对整个系统的运作进行调整和维护的控管角色。这种让学生主动参与学习的教学方式,使学生们手脑并用,锻炼了他们分析和解决问题的能力,培养了他们的职业素养和较强的工作适应能力,为学生今后的工作积累了宝贵的实践经验。

▶▶ 2. 项目教学法

项目实训教学方法在西方发达国家的管理教育中非常普及。项目教学的实践性强调在学习过程中要对外部真实世界做出贡献,即所做的项目应尽可能面向外部的真实世界,而不是纯学究的。由于学生缺乏工作经历,要求他们去做一个服务于真实世界的项目,可能会有点难度。因此,教师应检查所有将要开展的项目,保证这些项目与所学的学科有关联,并且项目的大致完成时间能限定在合适的范围之内。教师必须确保对该项目的有关预期是现实的,并要在一定的学术背景中完成。在美国国际商务人才的培养过程中,一些学校与企业签订长期合同,紧密结合外贸企业管理的实际问题,研究如何提高生产率和如何防范外贸中的各类风险,从而锻炼学生解决实际问题的能力。

例如新加坡南洋理工学院的工商管理系就创办了各类咨询中心、学生超市、旅行社、训练中心等教学实践场所,由课程责任教师担任项目经理,并且提倡不同系科不同专业的师生共同参与同一项目的研发。一方面使学生的专业知识得到巩固和发展,培养了学生自主学习、独立解决问题的专业能力和创新精神;另一方面培养了学生严谨积极的工作态度和团结合作精神,真正实现了学校人才培养的目标。在南洋理工学院的教学计划中,没有毕业设计和毕业论文写作,只有"学期项目"和为期 6 个月的企业实习。毕业班学生带着项目研发任务去企业学习,不仅可以将三年所学的知识和技能应用于实际生活中,而且也不会出现闭门造车、抄袭、走过场的弊端,提高了学习的有效性。

▶▶ 3. 案例教学法

西方发达国家的国际商务教育非常注重理论与实际相结合,教学内容十分丰富。其重要的一个教学特点就是教学环节中大量使用案例分析,而所选定的案例既与课程内容紧密联系,又是来自当今社会所关注的热点、难点问题。他们认为,案例教学以企业现实问题为对象,以事实和数据为依据,经过分析案例、明确问题、探讨成因、提出多种可供选择的方案、找出最佳方案这样几个步骤,从而达到训练学生解决企业实际问题能力的目的。国际商务专业课程的大多数案例都结合工厂和企业的实际,在案例讨论课上,学生们发表各自的见解,教师对各种方案加以评价。法国的高等商业学校已积累了许多本国案例用于教学。各发达国家的许多高校还联系本省、本地的工业生产情况开设销售技巧、市场研究、市场政策、市场模拟演习等课程。教师也带领学员深入企业,学员在教师的指导下,结合自己的专业到企业某一职能部门或某一岗位进行现场实践。学校还经常派教师到企业进行管理课程的需求调查,征求对改进管理教育的意见。

▶▶ 4. 聘请行业专家参与师资教学

许多西方发达国家职业院校的商务专业会聘请行业专家担任兼职教师进行授课或讲演,这些专家来自商务活动的第一线,他们所讲授的知识或技能实用性强,不仅能拓展学生的视野,提升学生将理论转化为实践的能力,还能充实学校双师型教师的队伍,促进教学质量的提高。例如在加拿大,高等职业院校与企业密切合作,许多业界人士参与学校国际商务人才的培养工作。

▶▶ 5. 校企合作的实践性教学

在欧美发达国家商务人才的培养过程中,实践性教学尤其是实习环节得到高度重视。他们认为,实习有利于训练学生的实际能力,也有利于缩短学生走上工作岗位后适应工作的时间。通过实习锻炼,可为学生提供一定的场所和机会,使学生在学习期间能了解实际的工作过程、方法及步骤,培养和锻炼学生的工作能力,为今后的工作做好充分的准备。近几年来,加拿大高等学校的国际商务及管理专业教育实行校企合作,联合培养大学生。学生一半时间在校上课学习,另一半时间到公司企业参加实际工作,学习与工作交替进行。美国高校在培养国际商务专业学生时,也重视安排学生去贸易公司实习,从事相关外贸工作。许多学生还利用暑假到贸易公司、外贸工厂参加实践,并在教师的指导下,对实践单位进行调查研究,向学校提交调查报告。

法国、意大利、荷兰的一些经济管理学院则与实业界和生产部门建立了长期的合作关系。在合作过程中,校企双方实行人才的双向流动,一方面高校教师流动到企业界,为企业界解决实际问题;另一方面企业界的高级技术人员、管理人员、会计师、经济师到学校参与教学工作,向学生传授生产和管理第一线的知识。通过实际接触社会能培养学生各种实用的技能,如市场调查能力、分析能力、应变能力和决策能力等,为他们今后的工作积累重要的实践经验。

➤➤ 6. 信息化教学

快速发展的现代信息技术改变了人类的思考方式和知识获取的途径,为现代化教学提供了电子化学习环境,促进了实践性学习的发展。电脑及网络技术为学生的学习带来了极大的便利,可以利用各种软件工具来模拟和设计贸易流程、分析和解决问题并制作报告,从而能够提升他们把理论知识转化为实践应用的能力。

(三)职业教育实训基地类型

目前,职业教育实训基地按照其属性可以校内和校外两种形式,即以学校为主体提供实训场地及实训教学条件的建设模式和以企业为主体的实习训练基地建设及设备的建设模式。

(1)以学校为主体的实习训练基地建设,利用学校的实验和理论教学环境,同时浓缩、模拟现代企业生产经营环节等,将其融入教学来培养企业一线所需的技能型人才,这也是国外职业教育实训基地建设的一条途径。

如:新加坡教学工厂的实习训练基地建设;奥地利与丹麦模拟公司的实习训练基地建设;这两个国家的商业经济类职业学校一般都设有独具特色的模拟公司,旨在为学生锻炼和培养职业能力提供一个良好的实习环境;澳大利亚 TAFE 教育即新学徒制的实习训练基地建设模式。TAFE 是英文 Technical And Further Education 的缩写,即技术进修学院。TAFE 学院推行的是以学生为中心,着重于实践的教学模式。TAFE 各学院设有实践课和理论课,但以实践课为主。课堂教学以实践为主,理论为辅。学生学习的过程就是实践的过程,实践的过程就是学习的过程。

以学校为主体的实习训练基地建设的基本特征是:第一以学校为主体,注重个性学习需求。其最鲜明的特色是融理论学习与应用技能学习为一体,为学生创造近似于真实工作环境的学习情境,使理论学习能最大限度地与技能学习结合起来,缩短学生工作的适应期。第二以学生为中心,以能力为本位。第三以学校为主体的实习训练基地建设强调从学生需求出发,营造适合学生学习的环境,促进其掌握职业技能。

(2)以企业的生产车间、实验室及相关机构作为直接培养一线技能型人才的重要场所,它是一种校企结合的实训方式,强调实践课程和实践教学,重视基础复合人才的培养和动手能力的培养。比较典型的有德国"双元制"、法国"学徒培训中心"及日本"企业教育"的实训基地建设。

以企业为主体的实习训练基地建设主要有以下基本特征:第一,企业提供设备精良的培训场所,在经费、设备投入和师资配备上,企业发挥主体作用。实训所需的设备、原材料以及学习资料费用等由企业支付。第二,企业配备高水平的培训师傅,负责指导学徒的培训,传授专业技能和理论知识。培训师傅不仅应具有娴熟的职业技能,还必须具有教育学、心理学、社会学、劳动法等方面的知识。

第三节 国外教育的师资培养

一、德国职业教育师资培养的主要做法

(一)侧重职教教师的专业技能训练

在德国职业教育的各类教师培养中,总体要求教师掌握专业理论知识、教育学知识和教学技能、专业实践技能三类知识技能。但专业实践课教师和实训教师的培养以专业技能的掌握为重点,在专业技能娴熟的基础上,增加教学技能、专业理论知识和高级技术培训。德国职教师资的培养和培训还坚持以"实践为导向,做到突出职业实践能力的综合培养,理论与实践相结合,职教师资的培养与职业的发展紧密相关,职教师资的资格具有双重实践特征:一是作为职教教师的教学实践,它存在于教学的具体组织与实施过程中;二是作为专业技术人员的生产实践,它存在于生产劳动的具体组织与实施过程中。

（二）以培养"双师型"教师为核心目标

德国对师资的要求有个突出点就是任教者一般要具备五年的职业实践经验，其中至少有三年在企业的专业工作经历，培养具有双师素质的职教教师是其核心目标，无论是实训教师、职业学校的实践课教师还是职业学校的理论课教师，都必须经过严格的专业资格培训。正是因为德国对师资培养有严格的要求，才能培养出高质量的师资，才能产生高质量的职业教育。

（三）重视教师职后的继续教育

在德国，职业教师参加工作后还必须进行继续教育。根据联邦各州的法律规定，职业教师参加进修培训是一种必须履行的义务。德国规定职业教育教师每两年必须脱产进修一次，建立严格的进修制度。德国提倡不同机构、不同部门进行合作，共同培养职教教师，教师的培训途径也多种多样，主要途径有教师进修培训学校、职教教师联合会、教师自我发展和企业培训，从而使师资队伍知识不断更新，充满活力。

二、项目活动为导向的英语教师专业化

近年来，我国教育获得非常快速的发展，培养了大批各行各业的专业应用型技术人才，为我国经济的发展做出了巨大贡献。然而，在教育快速发展过程中仍然存在着不少问题，其中如何采取措施促进教师专业化发展就是关键问题之一，这个问题能否得到较好的解决也是决定未来我国教育发展的重要因素。基于项目活动为导向是当前我国商务英语教学过程中普遍采用的一种教学方式，并且在具体的实施过程中也取得了良好的教学效果。因此，进行基于项目导向的商务英语教师专业化发展的研究具有十分重要的现实意义。

（一）项目导向教学与教师专业化的基本含义

项目导向教学是指在教学过程中以项目为主线、教师为主导、学生为主体，将课堂教学内容的知识要素综合起来，以项目的形式来组织和开展课堂教学，从而实现教师课堂教学和培养学生实际应用技能之间的平衡，并提高学生学习参与的

主动性和创造性。在商务英语教学中要想有效地组织项目导向教学,笔者认为需要把握好以下两点原则。

(1)确立学生为主体、教师为主导的地位,这是保证项目导向教学有效性的基本前提。

(2)项目内容的综合化与学生实际应用能力培养相统一,这是确保项目导向教学质量的关键。

教师的专业化发展包括两个方面,一方面是指教师自身方面;另一方面是指国家层面,而笔者在本书中所指的教师专业化是指教师个体方面。教师专业化的内容包括教师教学所需要的专业技能、专业知识和职业道德等多个方面。一般来说,一名成功的、优秀的教师需要在各方面都能够达到较高的标准,比如就商务英语教师来说,除了需要基本的教学技能外,还需要有口译、笔译等方面的实践能力。

(二)我国英语教师专业化发展的现状

如何采取有效措施发挥好教师在教学中的主导作用,是确保以项目活动为导向的教学模式在商务英语教学中能得到有效的组织和开展的关键。尽管近年来我国教育已经取得了较好的发展和提高,但仍然存在不少的问题。笔者通过对相关文献的查找与研究,认为我国目前商务英语教师的现状和相关问题主要表现在以下几个方面。

(1)教师专业素质偏低,缺乏专业培训机制。我国商务英语教学的目的不仅是要让学生掌握相关英语语言的知识,更重要的是要学生能够熟练掌握运用英语语言的能力。因此,提高教师自身的专业素质是确保商务英语教学质量的客观需要。然而,目前我国商务英语教师队伍,在英语语言知识、教学技能等方面的整体水平都不高,而且大部分商务英语教师都只是英语本科学历,硕士、博士学历的比率非常低,甚至有不少商务英语教师都不是师范类专业毕业,因而部分教师对英语教学理念、教学理论知识和教学基本功等方面的知识都没有准确把握。此外,我国大多数院校也缺乏针对商务英语教师的专业培训机制,这严重影响了商务英语教师自身专业知识的更新和提高。因此,构建完善的教学培训机制是拓展商务英语教师专业素质和专业水平的重要手段。

(2)缺乏良好的教学理念,对英语教学的认识不足。目前,我国教育在其教学过程中仍然是以教师教、学生学的方式为主。在这种教学模式下,学生在学习过程中完全处于被动地位,严重扼制了学生学习的主动性和积极性,也使教学过程无法获得良好的效果和质量。由于商务英语教学的特殊性,要想获得良好的教学效果就更需要教师构建良好的教学理念和对商务英语教学的正确认识。因为,商务英语教学是十分注重语言性的教学,其对实践性、交流性的要求都非常高,而且商务英语教学的关键在于培养学生在现实中运用英语语言开展实际工作的能力。经过实践证明,商务英语中实施基于项目活动为导向的教学对培养学生实际运用英语的能力有着非常好的效果。总之,商务英语教师如果缺乏正确的教学理念,对英语教学的认识不足,则无法培养出真正合格、优秀的学生。

(三)项目活动为导向的教师专业化

基于项目活动为导向是商务英语教师专业化发展的重要内容,而且根据本书前面的论述我们已经认识到影响我国商务英语教师专业化发展主要有两个:一是教师自身因素;二是外在环境因素。笔者在本节将从这两方面来探讨我国商务英语教师专业化发展的策略问题。

1.培养商务英语教师专业化发展意识,准确把握项目导向教学的含义。基于项目活动为导向的商务英语教师专业化发展的关键在于培养商务教师自身专业化发展的意识。在这一点上,院校首先应该在制度和政策层面上为商务英语教师的专业化发展提供制度和政策上的保障和支持。比如院校可以通过构建合理的激励机制来考核和评估教师的工作绩效,从而帮助商务英语教师形成专业化发展意识;其次,商务英语教师自身在平时教学过程中,除了要完成基本教学工作,还要积极主动地去学习,提高自身的专业综合素质,及时掌握与本学科教学相关的教学方法和教学经验,从而逐步形成专业化发展的意识。

此外,基于项目活动为导向的商务英语教师专业化发展还需要准确把握项目导向教学的基本含义。基于项目活动为导向的教学是目前我国商务英语教学中普遍提倡的一种教学方式,也取得了良好的效果和质量。商务英语教学的应用性很强,使得商务英语教师除了需要具备英语教学的公共基础知识外,还要掌握一些专业知识才能真正满足院校学生的需要。

(2)制定有效的商务英语教师培训机制,营造院校终身学习的氛围。制定完善的商务英语教师培训机制是商务英语教师专业化发展的重要保障。因为,在目前的情况下,我国商务英语教师的进修学习机会往往都比较少,这就使得我国商务英语教师常常不能及时获得最新的教学理念和教学方法,从而阻碍教师自身的专业理论、职业意识等方面的良好发展。因此,院校需要采取有效措施,制定一套科学有效的商务英语教师培训机制,让商务英语教师能够及时地掌握与教学相关的新知识、新技术和新方法,从而使商务英语教师形成良好的教学理念,改变其传统的课堂教学方法。此外,通过制定科学合理的培训机制,也有利于帮助院校教师营造终身学习的氛围,这对提高教师自身的综合素质也非常有效。

(3)商务英语教师自身要加强自我反思。商务英语教师自身加强自我反思就是指从教师自身出发,对其教学行为和专业发展不断地进行自我总结和自我研究,发现问题、解决问题,从而促进其专业能力的提高。而且教师的自我反思能力也是影响其专业化发展的重要因素。因为,通过反思教师能够很好地对其教学行为进行自我调控,并不断地分析和评估其教学过程。商务英语教师在教学过程中具体的自我反思方式可以有写教学反思日记、教师之间的共同讨论、课堂教学中的观察与分析、课后的总结等多个方面。此外,加强教师自我反思,能很好地培养教师在教学过程中发现问题和解决问题的能力,并能很好地帮助教师形成其独有的教学方式,从而促进教师自身教学能力的提高和职业的发展。

综上所述,我们已经清晰地认识到我国教育正在快速地发展,这给广大从事商务英语教学的教师都带来了新的机遇和挑战。因此,商务英语教师需要准确把握项目导向教学的基本内涵,并不断实践、不断学习、不断总结,使自己在专业化发展上能有新的突破,从而更好地开展商务英语教学活动,提高教学质量,培养更多优秀的商务英语人才。

三、院校商务英语教师专业化发展途径

近年来,随着中国社会改革开放的不断深入和外资企业的不断引入和发展,现代社会对院校商务英语人才的需求不断增大。而另一方面,院校商务英语专业教师专业化发展面临诸多现实障碍,问题日益突出,其师资队伍的整体质量和素质明显滞后于其发展规律。随着商务英语教学改革的不断推进,加强院校商务英语教师的专业化发展,已成为提高院校商务英语专业教师师资队伍力量的一条重要途径。

(一)院校教师专业化发展基本内涵

中国著名教育学家傅道春教授指出,"教师专业化是指教师专业化水平提高的过程和结果,是教师成长和发展的本质"。对于院校而言,教师专业化就是指院校的教师遵循教育教学规律,在自己的整个专业生涯中,通过终身专业训练和学习研究,在教育、教学、专业知识、专业实践能力、职业道德等各方面都达到较高的水准,实现自己从教学"新手"成长为教育教学"能手"乃至行业"专家"的专业成长过程。而教师专业化发展,则与教师专业化既相通又不同,它指的是教师的专业成长或教师内在专业结构不断更新、演进和丰富的过程,是教师专业化的核心内容。教师通过终身学习、实践与反思,使自己的专业素质、教育教学水平、创新能力不断提高,并不断地向更好、更高、更优发展。

由此笔者认为,院校英语教师专业化发展的基本含义是,教师以个体自我发展的需要为动力,以促进学生发展为最终目的,在教师自己的整个专业生涯中,通过不断的学习与培训、探索与反思、实践与研究,不断地更新和完善教育教学理念,提高、发展与完善自身的专业素养、专业水平、专业结构、实践能力及创新能力,从而提升自己的职业能力,实现自身的价值,实现教师职业的升华。

(二)教师专业化发展现状调查

>>> 1. 调查对象、方法与主要内容

为了能较客观地了解院校商务英语教师专业化发展的总体状况,有调查机构将调查问卷共分四个部分:第一部分是"教师基本信息",包括年龄、教龄、学历、职称、双师情况及企业工作经历 6 个项目;第二部分是关于"基于教师专业发展的基础知识方面",主要包括对商务英语、应用语言学、教育学、心理学知识的了解程度及对终身学习的态度等几个项目;第三部分是"关于基于专业发展的教学、科研方面",主要包括反思性教学的使用情况、对如何进行反思教学的了解度、参加学院教科研活动及各级各类培训的主要目的(可多选)等几个项目;第四部分是关于"基于专业发展的教师培训方面",主要包括是否加入外语教育(商务英语)组织、以往参加过的培训的主要方式和内容等项目。

》》 2. 调查结果及分析

(1)从教师基本信息分析。由调查结果可见,从年龄来看,40 岁以下的教师占了 92％,10 年以下的教龄占了 69％。从职称角度来看,讲师偏多,占了 90％,副教授仅占 8％。从学历来看,本科占了 71％,硕士仅有 29％,博士没有。从双师素质来看,具有企业工作经历的仅占 20％,具有双师证书的也只有 39％,双师比例偏低。

(2)从教师专业化发展情况分析。

第一,基于教师专业化发展的基础知识方面,大部分教师比较欠缺。由调查结果显示,仅有 14％的商务英语教师系统地学习过教育学、心理学的知识,仅有 21％的教师系统学习过应用语言学的知识。英语教师,首先是教师,其基本职责就是传承知识和文化,就是"传道、授业、解惑",因此普通教师应有的基本素质必须具备,应该有比较系统的教育学和心理学知识,掌握教学的一般规律和教学原则。其次,商务英语团队的教师应该是集英语语言和商务知识于一身的英语教师。桂诗春教授指出:"培养外语师资是我国发展外语教育的头等大事,而用应用语言学的理论和实践武装我国外语教师更是刻不容缓。"没有较系统的应用语言学的理论和知识,教师无法自觉、有效地利用语言学方面的知识来指导英语教学和组织英语教学,对学生进行高质量的语言输入,激发学生的英语语言学习动机。

第二,教师专业化发展目的不明确。由调查结果显示,88％的英语教师参加各类教研、培训是为了评奖、评职称,而只有 47％的教师选择为了提高教学质量、促进学生发展。

第三,教师专业化发展组织较薄弱,专业化培训途径有限。由调查结果显示,被调查的 51 位教师中参加外语教育组织的英语教师所占比例仅为 10％。教师专业化发展,需要有一定的教育组织来进行,教师只有参加并融入某个教育教学组织中,相互交流、相互学习、相互合作,这样才能促进教师专业化发展的进程,减少教学环境中负面因素的影响。另外,调查结果也清楚显示,由于大部分教师没有参加任何外语教育组织,也就没有统一的教育机构和组织为其培训,进行统一的组织和安排,造成教师的培训途径有限,大多数教师参加的都是寒暑假的短期培训。培训的内容也比较陈旧,都是教学技能、技巧方面的。

第四,教师的自我专业发展意识有待加强。由调查结果显示,对于"反思性教学的使用"情况这一栏,41%的教师选择"有时反思",17%的教师选择"基本不反思",只有4%的教师选择"总是反思"。对于"对如何进行反思性教学的了解度"这一栏,选择"了解"的教师只有9%,而59%的教师选择"不太了解",选择"不了解"也有8%。由此,可以清楚地看到,院校商务英语教师的教学反思意识相当缺乏,其教学反思意识、自我专业发展意识都有待加强。

(三)商务英语教师专业化发展的有效途径

(1)树立终身学习的理念,夯实教师专业化发展的根基。随着全球一体化经济和教育的迅猛发展,商务英语在实际工作中的应用越来越多,这也就对商务英语教师提出了更高的素质和能力要求,要求他们不单单要掌握应用语言学的知识和商务英语的专业知识,还需要不断扩充自然科学和社会科学等各种非专业知识,需要具备教育、教学技能和创新能力,使教师的专业知识及非专业知识随着自己专业化的进程发展得更为广博、更为精深,既充分体现作为教师"承传"文化的职业特性,也充分体现作为商务英语专业教师的专业独特性。因此,这就需要商务英语教师树立终身学习的理念,只有有了终身学习的坚定信念,才能将专业化发展进行下去,夯实教师专业化发展的根基。

(2)明确教师专业化发展的目的,促进学生和教师的共同发展。教育的价值可分为内在价值和外在价值两大类。外在价值,一般是指教师向学生传道授业,以满足其自身存在与发展的需要,而内在价值,是指教师从事教育教学活动,把其作为培养人的事业。除了传道授业,赋予学生基本的知识和技能外,还要了解他们的心理、关注他们的情感世界、丰富他们的精神生活、陶冶他们的情操,使其全面发展,并在此过程中使自己不断成长、不断升华。教师专业化发展的目的是在提升个人能力的同时,更好地为英语教育、教学工作服务,其最终目的是促进学生的发展。因此,教师只有明确其专业化发展的目的,才能更好地为学生的成长服务,也才能实现自己教师职业的升华。

(3)完善教师专业化教育组织,丰富教师专业化发展的途径和内容。教师专业化发展绝不是教师个体孤立的发展行为。教育管理机构应该将个人力量和集体力量整合起来,完善英语教师专业化教育的组织,建立一个能促进英语教师专业化发展的长效机制,为教师专业化发展提供一个平台。通过这个平台,可以拓宽英语教师专业发展的渠道、丰富教师专业化发展的途径和内容、规范教师的资格认定、管理和统筹培训时间和经费,保障教师专业化发展的顺利进行。同时,通过这个平台,教师相互间可以开展各种学习、合作、交流和研讨,不断提高自己的教育、教学能力,促进自己的专业发展,从而提高教师专业化的水平。

(4)积极运用反思性教学,提高教师的自我专业发展意识。所谓反思性教学,是指教师对自己的教学实践、教学内容、教学方法和教学效果等用批判和审视的眼光多角度地进行自我认识、自我内省和自我评判的过程。在此过程中,教师不断地自我反省和自我剖析,找出自己在商务英语教学中存在的不足,积极地、创造性地对其教育教学能力和自身专业发展进行反思。叶澜教授曾这样说过:"一个教授写一辈子教案不可能成为名师,但如果一个教授写三年的教学反思就能成为名师。"可见,反思性教学可提高教师的自我专业发展意识,提高教师的职业能力,从而推动教师专业化发展。因此,商务英语教师只有积极地运用反思性教学,努力增强教学反思的意识,才能不断提高教师的自我专业发展意识,才能更好地调整自己,形成自己独特的教育、教学方式,从而促进其教学能力的提高和专业化的发展。

第四章　商务英语的话语能力研究

　　随着全球一体化进程的不断推进,英语作为世界通用语言,其用途变得越来越广。随之而来,人们学习英语的目的性和功用性越来越强,如进行商业交往、技术交流、学术研究等,对英语教学提出新的要求,即给学习者提供恰当的途径,满足其对英语学习目的性和功用性的要求。特殊目的英语教学作为基于学习者需求的一种教学方法应运而生,逐渐发展起来。与一般目的英语教学在本质上并无差异,只不过要依据学习者的特定需求来确定具体的教学方法。商务英语在理论上源于特殊目的英语体系,随着国际商务活动范畴的不断扩展和现代中国社会对既懂英语、又懂国际商务的复合型人才的需求增加,商务英语已成为一门新兴的独立本科专业,逐渐走向模块化、专业化的发展道路。在本章的内容中,笔者将重点就商务英语的话语能力研究进行阐述。

第一节　语言能力研究

　　在当今社会中商务英语日益受到国内外英语学习者和职业人士的重视和青睐。相对来说,商务英语的相关理论研究则显得滞后很多。商务英语测试开发与效度研究不但具有理论突破意义,而且具有巨大的实践意义和社会应用价值。商务英语概念、性质和特征的界定是研究商务英语测试问题的基础。本节将介绍商务英语教学的国内外发展背景和商务英语测试开发的相关背景,在此基础上总结出当前面临的问题和挑战即话语能力的相关问题。

一、基于商务英语话语能力的发展

(一)商务英语专业教学概述

　　商务英语被认为在理论上源于特殊目的英语体系,并且近半个世纪以来,随着全球经济一体化的进程迅猛发展,商务英语已经成为 ESP 最大的一个分支。商务英语的语言特征、体系分类与发展规律都可以在 ESP 框架下得到解释。下面加以详细介绍。

▶▶ 1. 特殊目的英语背景下的商务英语

20 世纪 60 年代,西方国家掀起了一场特殊目的英语教学和研究活动。它的出现绝非偶然。首先,针对特定行业与职业的英语学习需求越来越迫切。第二次世界大战结束后,西方国家的科学技术迅猛发展,世界经济空前繁荣,国际交往日益频繁。英国和美国作为全球经济大国和科技大国,其深远影响促使英语成为国际交流语言。英语作为最普及的交流工具激发了众人的学习热情,他们学习英语不再是为了学习而学习,不再是为了体现一定的身份象征,标志其具有良好的教育背景,而是出于各种自身需要进行学习,如进行商业交往、技术交流、学术研究等。他们学习英语具有很强的目的性和功用性,这便向英语教学提出了挑战,它应提供给学习者恰当的途径,满足他们的愿望及需求,特殊目的英语应运而生。

除社会需求理据外,有学者还提出了特殊目的英语教学的语言学理论依据。其中最重要的是有关语体、语域方面的研究成果,尤其是 Halliday 的语域理论为特殊目的英语的存在提供了有力的量化依据。语域是指语言的功能变体,说明语言会随着语境变量即话语范围、话语方式和话语基调的变化而变化。针对不同的情境、不同的场合,人们会选择不同的言语内容和言语策略。特殊目的英语具备显著的语域特征。

另外,随着教育心理学研究的发展,英语教育越来越重视学习者的个性心理特征和需要,以学习者和学习过程为中心的教学理念受到推崇。社会经济需求、语言学与教育心理学领域的研究成果为特殊目的英语的发展提供了强大推动力。时至今日,特殊目的英语已经有近四十年的发展历史,全世界范围内的研究活动方兴未艾。随着全球一体化进程的不断发展,作为世界通用语言,英语的用途越来越广,而满足特殊需要的特殊目的英语更备受瞩目和青睐。

▶▶ 2. 商务英语的概念与特征

文献研究显示,研究者对商务英语的概念与定位一直争论不休。通过对过去十年高校关于商务英语语言研究的 200 篇论文进行检索和研究,发现有 48% 的论文引用的语料都出自外贸英语函电。对近十年各类商务英语教材的语料来源进行调查时,发现我国编写的教材中有 55% 以询价、报价、合同、信用证、单据等业务活动为主线来构建交际情景,基本可以视为传统外贸英语教材的翻版,直到

2000 年以后才有所改进。这说明在商务英语教师中仍存在"商务英语就是外贸英语"的观念。

黑龙江大学 2016 年对全国 23 所学校商务类专业教师与学生进行的一项调查结果也证明了这一点。近 200 名教师中,有半数教师赞成"商务英语就是外贸英语",有高达 37.6% 的教师无法表述商务英语的概念,另外有 16.3% 的教师同意"商务英语就是外贸英语"。学生对商务英语概念的明确程度也不同。有 37.3% 的学生不清楚商务英语的概念。另外有 37% 的学生无法回答,只有 25.8% 的学生认为自己能表述清楚。

纵观国内近年来的理论研究成果,可以看出对于商务英语的定义和概念研究者有不同的意见:一是商务英语属于 ESP;二是强调商务英语的语言学科属性;三是商务英语属于跨学科范畴。

第一种意见可参考前一节内容。第二种观点认为,商务英语和普通英语理论上没有什么不同,因为它们都属于语言学的范围,而前者并不是语言的特殊形式。尽管商务英语和普通英语在词汇和术语的使用和理解上有很多差异,它们还是共享着英语中相同的词汇和短语。商务英语是在商业领域的工作人员使用的语言,他们为了完成商业运行,同时符合内部的习惯和惯例而选择词汇、短语和语法结构来进行口头或书面形式的沟通。商务英语就是在国际商务活动中所使用的共同语言(英语)。它所研究的是以英语为载体的相关的商务专业题材文本(合同、标书、信函、教材、评论、演讲、报告等)的语言特点,包括字、词、句、篇章、语体、语用、修辞、写作等的特点及其与普通英语所存在的差异,旨在提高商务交际的专业化程度和交际效果。

第三种观点倾向于认为商务英语属于融合语言学和商务管理的跨学科。例如:张新红、李明认为商务英语是英语功能的转换,具有商务知识和英语混合的特征。莫再树等认为,基于语言学和应用语言学的商务英语是理论和实践上吸收了其他相关学科内容的综合的跨学科。蔡芸和陈林汉从商务英语专业角度解释了商务英语的跨学科性,即学生需要较高程度的英语水平(语言知识和应用技能),以及充分了解英语国家的社会文化;要完成(国际商务)任务就需要设置一系列的英语语言和文化课程,不是一门 ESP 类型的商务英语课程能够承担的。此外,学生还要具有系统的商务知识,这就需要提供一系列的商科专业课程。

对商务英语的界定,应当首先区分作为语言的商务英语和作为课程教学的商务英语。对商务英语语言性质与特征的认识是商务英语作为课程乃至专业教学的设计的基础。商务英语的起源是具有 ESP 的特征和属性的,商务英语的语言研究必然要基于语言学理论和方法的传统。但在现代社会中,英语已经不再是某一国(或某几国)的语言,而是一种国际商务交流的工作语言,国际商务离不开英语的语言媒介,并深受英语语言文化背后的思维方式影响,而英语也以商务活动为实体和载体,英语的商务语篇既是语言存在和使用形式,同时也是国际商务活动的工作方式。英语与商务二者之间的互动与融合不断加深,使商务英语的含义不断扩大、延伸和发展。商务英语的概念内涵已从语言学领域向其他领域渗透、推进,并逐渐超越语言层面,成为辐射国际商务领域的动态概念。具体来说,商务英语有以下特征。

(1)商务英语具有职业性

商务领域的业务活动带有商务职业性,因此,商务领域所运用的语言不可避免地直接获得了此种属性,即语言的运用体现了商务活动参与者的职业身份和职业关系,商务活动场景的职业化、典型化特征,以及商务活动主题的职业相关性。

(2)商务英语具有目的性

商务活动是以营利为目的的,商务语言的运用具有清晰的以目的为导向的属性,从日常社交、商品广告到商务谈判,商务语言运用的首要原则是功利性和实用性,因而商务语篇常常呈现出信息性、劝服性和诱导性的多元特征。

(3)商务英语具有行为性

经典语言学中的"言语行为理论"早已深入人心,语言具有行为性,语言在具体语境中的运用呈现行为性特征。商务英语就是一种典型的言语行为。基于言语行为的商务领域职业沟通是重要的商务行为模式,国际商务活动的运作也离不开语言的核心作用。无论是口头的商务沟通,还是书面的专业文件和函电往来,可以说,商务活动的成功运作与语言活动已经融为一体,密不可分。商务活动的主体外显为语言行为,语言活动构建了商务过程的主体。

(4)商务英语具有国际性和跨文化性

随着全球经济一体化,在跨国境和跨文化的环境中,国际商务活动不再是以英语为母语的老牌资本主义国家的特权,而是更多地发生在以英语为母语者和英语非母语者之间,甚至更多地发生在英语非母语者之间。英语成为国际商务活动的工作语言,商务英语因此越来越超越其"原产地"——以英语为母语的国家背景,日益呈现国际化和跨文化交流的突出特征,体现为遵循国际商务职业规范,超越英语民族文化,包容全球多元文化。

（5）商务英语具有体裁化特征

传统的商务英语研究着眼于商务术语和套语的微观研究,现在则越来越关注商务英语运用的语篇体裁化特征。商务活动中的语言运用都是以商务语篇形式出现的。商务语篇是在商务交际过程中具有完整交际意义的语言表现形式。就口头形式来说,可以是一次商务演讲,一次电话推销,一段欢迎致辞,一次面对面的谈判,一句电视或广播中的广告语等等;就书面形式来说,则可能是一封商业书信,一份商业报告,一份企业策划案,一份招标文件。大到一份合同,小到一句书面广告语,甚至于只有一个词的商标、商号,只要在商务场合中能够表达完整的语义、具有特定的商务功能,都属于商务语篇的范围。体裁常与职业实践相结合,体现一定的职业目的,在商务职业沟通中,每种体裁都有其固定的职业目的、行使的功能与目标读者群。

3. 商务英语专业人才培养要求

本专业培养的核心能力是"基于体裁的商务英语话语能力"。该能力是指"本专业毕业生应具有扎实的英语语言基础和熟练的综合语言应用能力,同时具有较高的专业思维、宽阔的国际视野和较强的国际商务话语能力,能够在专业培养的学术英语及职业英语领域内,即在特定商务英语话语研究及国际商务活动领域内,参照应用语言学研究共同体及国际商务实践的规则与惯例,结合特定交际任务的语境因素,运用情境组织能力及文本、体裁和语用知识,结合自身素质,通过专业体裁的建构、解释和使用,进行意义协商,有效完成书面和口头交际任务的跨文化沟通能力"。

通过本专业的学习,学生应该掌握国际商务沟通所需的基于体裁的多模态商务英语话语能力,包括专业知识;语言知识、语用知识;专业体裁知识;相关学科知识,国际商务、应用语言学、跨文化商务沟通、商务英语教育、人文素养与国际视野;专业思维;国际商务沟通中的商务英语语境能力。在专业教学过程中,提高学生的人文素养,培养未来职业发展必须具备的通识性专业知识、能力和素质,包括:元认知能力,国际化视野,数字信息能力,终身学习能力,高端思维能力,研究能力,领导能力,团队协作能力,社会责任感,创业能力。专业培养方向主要涉及国际商务领域、应用语言学研究和商务英语教育。

（1）国际商务领域

国际商务领域的培养目标是具备良好的商业道德，通晓现代商务理论，具备完善的国际商务知识、国际商务分析与决策能力，熟练掌握现代国际商务实践技能，能够运用英语熟练地从事相关的国际商务活动，并具有较强的跨文化沟通能力的应用型、复合型国际商务人才。毕业生能够能胜任在涉外企事业单位、政府部门和社会团体国际商务运营与管理工作。

（2）应用语言学研究

应用语言学模块培养学生运用较为系统的语言学知识及研究方法，解决各种语言实践中的问题的能力，主要包括以下几个方面：①掌握较为系统的应用语言学知识，对语言体系有较为清晰的认识；②了解比较详尽的应用语言学研究方法，如问卷、调查、案例分析及研究计划；③熟悉各种应用语言学的研究性体裁，通过文献综述、书评、论文、研究报告、访谈、辩论、讨论及口头报告等体裁进行有效的学术交流；④掌握各种应用语言学的学习性体裁，通过笔记、概要、信息评述、案例、简答及短文等体系有效获取新的知识及新的研究方法；⑤培养良好的高端思维能力，善于在应用语言学的相关领域中发现问题、分析问题并解决问题。

（3）商务英语教育

商务英语教育模块培养学生运用较为系统的外语教学理论及方法，完成各种商务英语教学任务的能力，主要包括以下几个方面：①掌握较为系统的外语教学理论知识，对商务英语教育的学科体系有较为清晰的认识；②了解比较详尽的外语教学方法，如交际教学法、任务教学法、案例教学法、项目教学法和虚拟运作教学法等；③熟悉各种商务英语教育的研究性及学习性体裁，通过文献综述、书评、论文、研究报告、笔记、概要、信息评述、访谈、讨论及口头报告等体系进行有效的学术交流及学习；④培养良好的高端思维能力，善于在商务英语教学中发现问题、分析问题并解决问题。

（二）商务英语测试概述

特殊目的语言测试是语言测试学的一个分支，其测试内容和测试方法均源于对特定语言运用领域的分析。Douglas 指出，特殊目的语言测试中测试内容和方法来源于对特殊目的目标语言使用领域的分析，测试任务和内容是目标领域任务的真实表征,同时考虑到考生语言能力和特殊目的内容知识的互动,以及考生语言能力与测试任务的互动。该测试能够对考生在特殊目的领域语言运用能力做出推断。Douglas 认为两个方面的因素可以区分特殊目的语言测试与通用目的语言测试:任务真实性以及语言知识和特殊目的内容知识之间的互动。

任务真实性意味着 LSP 测试任务与目标语言使用情境任务共享重要特征,通过真实性的建立可以保证考生在测试任务中的表现能够如实反映其在现实目标情境任务中的表现。语言知识和内容或话题知识之间的互动应该是 LSP 测试的最显而易见的定义特征。使用 LSP 测试而非通用目的测试的另一个原因是特定领域中(学术或职业领域,包括烹饪、法律、物理、化学、飞行控制和语言教学等)的技术性语言有其自身特点。一些行业术语在特定领域内有其特殊的交际功能,即精确性。特定领域中的语言在词汇、语义、句法甚至语音方面都具有其独特性,内行人士可以精准地运用语言进行交流,而外行则是难以掌握的。"精准性"是特殊目的语言使用的一个重要方面,也是倡导鼓励进行特殊目的语言测试的一个重要因素。

以"任务"为手段实施商务英语测试,目的在于通过测试结果推断考生的商务英语能力,即预测考生在目标语境中应用英语完成商务活动的能力。人类生活在社会中面临的交际任务却纷繁复杂,选择什么样的任务进行测试能够反映考生的商务英语能力是测试应用者、组织者和开发者所必须考虑的问题。由于测试本身要受到时间、空间和测试项目容量等多方面的限制,所应用的任务必须具有代表性,从而使测试结果具有可推断性,能够反映考生的商务英语能力。同时,基于任务的教学与测试中都强调"任务"与目标任务,即现实生活中语言使用任务的一致性。也就是说,教学与测试中的任务应该具有真实性。那么,如何实现测试中任务的真实性,同样是关键性问题。

≫ 1. 代表性

测试的性质要求测试任务具有代表性,然而正如前文所述现实生活中通过语言来实施的任务不计其数,选择哪一个任务,很难通过考生完成这个任务的结果来预测其在其他任务中的表现。但是相对于某一职业领域的群体来说,他们所接触到的交际环境和交际事件是相对稳定的,依据交际事件之间的相似度,可以分为不同的类别。而体裁恰恰是体现交际事件类别属性的最佳概念。其具有如下特征：首先体裁是在一定的交际情境下为实现特定目的而进行的同类或相似的交际事件；再者，体裁的结构独特并高度约定俗成，在对语篇的形成起到规约性作用的同时，允许语言使用者在特定的体裁框架内变换语言形式。为此，在设计测试任务时，可以通过抽象出构成某类体裁的必然要素和结构特征，即某类体裁的原型。

此外，一项测试不能够反映考生各方面的能力，而应该有所侧重。因此在设计测试任务之前，测试开发者首先要明确测试的目的和用途，找到能力倾向的侧重点，进一步缩小测试任务的选择范围，在测试设计中重点体现这些方面，从而增强测试的针对性。

▶▶ 2. 真实性

对于商务英语测试来说，测试的目的是通过测试结果来推测考生的商务英语能力。实现商务英语测试真实性的关键在于，如何借助语言最大限度地实现考生的话语领域与目标语境即任务语境的互动，即首先实现测试情景的真实性，进而实现考生与测试任务的互动真实性。测试真实性是一个程度问题，可以通过系统地分析目标语言使用情境特征，将其应用于测试，实现测试任务与目标语境任务一致性的最大化。然而，人类生活在社会中面临的交际任务纷繁复杂。通过解析单一交际任务的特征，既实现测试任务的真实性又使其具有较高的效度的可能性较小。为此，需要引进体裁的概念，通过分析某类体裁的原型特征，构建测试任务与真实交际事件之间的桥梁。

（三）问题与挑战

目前商务英语测试无论在理论上还是实践上都远远滞后于商务英语教学的发展。在课程设置、教学方法和教材研究上，人们不断引进新观点、新方法，而在测试方面的研究则明显薄弱。综观我国商务英语教学发展的历程和商务英语测试开发的背景，当前还存在着以下亟待解决的问题。

首先，对中国语境下的商务英语任务与体裁缺乏全面细致的描写，难以保证测试任务设计的代表性与真实性。与语言相关的一切研究活动都应从描写开始。不但要描写语言本体，还要描写语言活动发生的语境，具体来说，要深入描写商务活动中的目标情景。商务英语的语言研究和其教学研究应当是相辅相成的，密不可分的。但目前国内对于商务英语的语篇分析一般仍局限于信函、电子邮件等少数传统的典型体裁的内部结构特征上,而且对于语篇外部的商务话语共同体的实践规则和话语方式缺乏深入描写。集中在谈判、会议、广告等典型商务情景的语篇研究较多,但是对具有中国特色的日趋复杂的商务情境缺乏考察。

相应地,商务英语教材、测试甚至课堂教学方式都缺乏商务情境性设计,因此,教学中难以使学生获得真实的商务角色体验,并且易造成所学非所用。测试中则无法检测学生真实的商务英语能力,从而使测试失去效度。当前中国语境下的商务英语发展,需要迈向第三阶段和第四阶段,即展开以目标情境分析和技能分析为主的需求分析。需求分析是 ESP 的核心特征,同样也是商务英语教学成功的关键所在,是商务英语教学设计、教材与测试开发的前提和基础。这也是 ESP 与商务英语的发展规律所在。

第二,关于商务英语的基础理论研究严重不足,对于测试开发来说,特别要加强商务英语能力的理论研究。商务英语(专业)能力的培养既是商务英语(专业)教学的最高目标,同时也是贯穿课程设计、教材与测试开发、理论研究的指导性思想。商务英语(专业)能力绝不是商务知识和英语听、说、读、写、译能力的简单叠加,必须从语言、商务、交际、教育和文化等多领域视角展开多元化、多层次考察,才能得出科学结论。没有对这个概念的清晰认识,就无从把握商务英语教学与理论研究活动的核心与方向。因此,应当以商务目标情境考察的成果为依据,密切结合各相关领域的理论研究成果,全面地研究商务英语(专业)能力的体系构成,最终落实到商务英语(专业)测试与教学实践中,并在实践中检验理论研究成果。

第三,从事商务英语教学和研究的高等教育界与在国际商务第一线的职业实践领域存在着理论与实践相脱节的现象。高等教育界缺乏对国际商务前沿的语言活动与语境发展变化的即时观察和充分研究。因此,要始终坚持理论联系实践,以多学科相融合的广阔视野关照商务英语研究。商务英语的语言研究要支持并指导商务英语测试实践;要从沟通、文化、组织、商业、信息传播、职业行为等多领域视角来研究商务英语语言,来指导商务英语专业的教学建设,并以此为基础建立商务英语的测试与培训体系。

商务英语测试作为一种特殊目的英语测试,LSP 测试理论和实践都可以在商务英语测试的理论构建和实际开发中得以应用。开发商务英语测试首要的任务是要对目标语言使用情境(即商务交际情境)进行需求分析,查明语言使用者需要在该领域完成哪些典型的任务,并基于特征列表对任务进行描述和分析,根据分析结果相应地建构测试任务,明确哪些特征需要得以明示,哪些特征受到测试条件的限制需要改变。努力为受试者创建充分的语境线索,明确作答任务,使测试任务与目标任务最大限度地保持一致,受试者在测试中的表现才能作为推断其在未来商务目标领域中的语言交际能力的依据。

显然,商务英语测试开发和效度研究具有现实的必要性。语言测试可以为大纲的教学内容、标准、方法等修订提供反馈,有助于专业人才培养方案的进一步完善,从而直接作用于教学实践。如何界定商务英语能力,如何把此能力分解为可操作的评估指标,如何对专业学生的语言能力做出准确的测量,如何设计课程才能达到较理想的教学效果等,这些问题都需要通过大量的理论和实证研究加以探讨,在上述各种研究的基础上才能设计出科学的商务英语专业人才培养方案和课程教学大纲。

二、话语能力研究目的

近十年关于商务英语的学术研究成果中,有一半都是围绕课程与教学方面的问题展开的。研究者在 2016—2017 年间组织了全国商务英语专业有史以来最大规模的调研,研究对象是 23 所院校商务英语专业的 223 名教师与 897 名学生,研究内容主要是关于商务英语专业的课程与教学的问题,其中主要包括教学中的最大问题、教学方法、课程设置问题、课堂教学中的问题、教材使用问题与测试问题,并且针对商务英语专业这种外语与知识复合型的专业设置了"学生的英语水平衡量问题"。这里有几个层面的问题:英语专业八级考试是唯一标准吗? 英语语言文学专业和商务英语专业学生是否应用不同的考试来衡量其英语水平? 用专业八级成绩作为商务英语专业的学生结业时英语水平的衡量标准,是否公平? 如果不用英语专业八级考试成绩,那么用剑桥商务英语证书考试成绩合适吗? 如何测量学生的商务知识和能力?

为了考察教师对上述各层面有关问题的意见,研究者设计了调查问卷。结果显示,首先,高达 69.5％ 的教师认为商务英语专业学生应采用与英语语言文学专业学生不同的测试标准。各种课型的教师对此表现出较强的整体一致性。68.8％ 的教师认为应该用 BEC 作为商务英语专业学生英语水平的标准测试。那么是否需要取消英语专业八级考试呢? 调查结果显示,25％ 的教师不赞成取消英语专业八级考试。此外,34％的教师支持使用英语专业八级考试成绩作为衡量学生的英语能力的标准。

有教师指出应以"实践环境中的应用能力"为标准,不应只看证书。这是对一切都以量化数字为标准的一种反对意见。也有教师建议要看其"对商务相关专业知识的掌握程度",或以"商务测试"为标准。说明他们不赞成单纯通过"英语水平"来评价商务英语专业学生,而应重视对学生商务知识与技能的评价。还有教师明确提议用"报关员、外销员"等目前国内推行的职业资格考试作为评价标准。

问卷中各题目相互印证的结果是:多数教师认为,商务英语专业有必要设置类似 BEC 的针对商务英语专业的水平测试。同时,建议考试设计可以参照英语专业八级考试。在开放式问题的答案中,有一位教师提议开发"适合中国国情的商务英语测试"。这正是广大商务英语教师的心声,即开发具有中国特色的、适合中国商务英语学习者的、反映中国的商务英语应用需求的水平测试。同时,对于商务英语专业在校生的调查表明,77％的学生认为商务英语专业应采用与英语专业不同的标准化考试来衡量学生的英语水平。将教师与学生的回答相比较,可以看出师生在此问题上态度一致。由此可以得出结论,在校商务英语专业的教师和学生均认为,开发一套适合于本专业的英语水平测试体系是极其必要的。

三、商务英语话语能力研究意义

本研究具有一定的学术意义。鉴于国内目前针对商务英语测试研究的严重不足,本书通过整合语言能力理论、"体裁"和"商务话语",明确提出了商务英语能力的概念,即"基于体裁的商务英语话语能力"。这是一次大胆的探索,是对体裁研究、商务英语和商务英语测试的有益尝试,具有理论和现实的双重研究价值。它有助于对商务英语专业高年级学生的英语能力的深入理解,继而为商务英语专业教学与学生专业能力发展路径提供参考。这些理念可以服务于商务英语专业教学,为在教学中如何培养学生的商务英语能力提供了有效途径。研究者和教师可以参照该能力模式,制定客观的语言能力培养体系,明确语言能力的培养目标和评价标准,从而反馈和改善教学效果,有效地提高学生的语言交际能力。

本研究具有一定的实践意义和社会应用价值。全国有 600 多所院校设立了商务英语专业或在英语专业中开设了商务英语方向,教育部已正式批准 62 所高校设立商务英语本科专业。商务英语能力的培养是商务英语专业的教学目标,建立一个客观、系统、多元化的测试体系,对促进商务英语教学质量和学生语言水平的提高具有积极的意义。本研究为商务英语测试开发和测试效度研究提供了实证性的研究结果,具有较强的现实意义。在测试开发和设计过程中,从设计考试规范、编制范型试卷到实施测试,如何最大限度地保证测试的效度,本研究做了有益的尝试。例如,如何设计真实的测试任务、选用适当的考试形式、编制有效的评分量表等等。这些研究结果可以为测试开发人员和教师提供参考,对于提高商务英语测试的效度具有积极的意义。

此外,本研究在方法论上具有一定的意义。以概念效度为核心,从商务英语专业八级考试开发和设计的各个环节进行效度验证,整个效验过程是一个不断评价、检查、解释和推论的动态过程。结合考试流程研究效度,有助于阐述各个阶段哪些因素威胁考试效度及不同类型效度之间的相互关系。为了考查测试项目与测试概念的拟合程度,研究通过定量分析和定性检验相结合的方法收集效度证据。其中,采用 Metrix 文本分析器,对考生的作文文本进行定量分析。Metrix 可以有效地分析文本的语篇特征,分析程序也具备了评卷人所不具备的客观性、准确性和稳定性。这些尝试将在一定程度上丰富语言测试研究的内容,为测试开发人员和研究人员提供参考。

四、商务英语话语能力文献综述

(一)语言能力研究

语言测试的目的在于对语言能力的推断。受到不同时期语言观的影响,人们对语言能力的解释不同,语言测试的方法也随之不断发展变化。对语言能力的不同解释是划分语言测试发展阶段的依据。20 世纪 70 年代以前,语言能力总体上被认为是包括语法知识、词法知识和语音知识等维度的知识体系,测试是以多项选择题为代表的分离式测试。20 世纪 70 年代后,对语言能力的认识摆脱了语言形式和结构的局限,强调语言的意义,对语言能力的研究进入鼎盛时期,分离式测试逐渐过渡到综合性测试,注重反映受试者在情景中的语言行为表现,在追求信度、效度与测试可行性的同时,兼顾测试的真实性。

▶▶ 1. "技能＋元素"模式

Lado 是最早提出语言测试的能力模式的学者。他提出了"技能和元素"的能力模式,认为语言测试变量包括语音、语法结构、词汇和文化意义。他指出虽然这些元素可以被分别测试,但在语言使用中他们却密不可分,同时体现在听、说、读、写各项技能中。为此,他明确提出了"技能＋元素"的能力测试模式。他认为对于语言元素,没有针对性的基于情境的测试方式是不具备真正效度的。后来 Carroll 对技能和能力进行了区分。Carroll 受到 Chomsky 的能力/表现说的影响,在坚持语言能力的元素说的基础上,提出"语言表现变量"也应被纳入测试范围,认为测试任务、能力和表现之间的互动应该由"关键表现"(critical performance)的概念来体现。

▶▶ 2. 整体能力假说

Oller 提出了整体能力假说(Unitary Competence Hypothesis,UCH),认为人的语言能力是一个不可分割的整体,作为语用期望语法(pragmatic expectancy grammar),控制个体使用语言的心理系统。Oller 主张通过综合性测试,如完形填空、综合改错、听写、口试、作文等形式,测试中受试者综合运用各种语言知识或技能,对受试者语言水平进行整体评价。

整体能力假说在理论和方法论上都受到了研究者的批判。Cummins 指出,Oller 推导出的整体能力元素是由所使用的数据性质决定的。他认为 Oller 使用的数据是来自于典型的学术测试,对于语言的显性的和容易被意识到的特点给予了过多的关注,而没有考虑本族语者日常的语言使用中功能的和社会语言的能力。Bachman 和 Palmer、Upshur 和 Homburg 也证明整体能力假说是错误的,因为一个整体的元素总是可以被分解成几个下属的元素。

▶▶ 3. 认知语言能力/人际沟通技巧

Cummins 认为能力由两个因素构成:认知语言能力和人际沟通技巧。Cummins 研究加拿大双语儿童的语言学习能力时,发现儿童能够在 2－3 年的时间内,很快地能培养出人际沟通互动所需的流利口语英语,但是,学科知识所需的认知性语言能力需要至少 5～7 年的时间。

Cummins 强调认知语言能力主要是针对学术情境,人际沟通技巧针对正式的学习语境之外的所有情境。认知语言能力/人际沟通技巧的能力构成模式强调区分学术和非学术的语言使用语境,认为测试任务的设计应紧扣语言的使用环境。然而,这仍然是一个大体上的抽象的模式,对于认知语言能力/人际沟通技巧的细化需要进一步的研究。

▶▶ 4. 特殊目的语言能力

Swain、Bachman 和 Palmer 等学者提出的"语言能力"是指在社会语境中运用语言的一般能力,而对于具体的专业语境中运用语言的能力这一概念并没有明确界定。在 Bachman 和 Palmer 的基础上,Douglas 提出了特殊目的英语能力框架,认为"特殊目的语言能力来自特殊目的背景知识和语言能力之间的互动"。他在特殊目的英语能力中加入了特殊目的背景知识,认为语言知识和策略能力之间的互动能够反映交际语言能力。策略能力是外部情景语境(或者特殊目的语言使用情境)和构成交际所必需的内部知识之间的纽带。特殊目的的知识与特殊目的语言能力的关系是随着专业化程度不断提高的,背景知识对特殊目的语言能力的影响也将相应地增强,即交际内容专业化程度越高,熟悉并了解这些复杂概念构成的内容的人就越少。此时,语言掌握的熟练程度对特殊目的语言能力的影响将更加明显。

交际信息的专业化水平同交际者交际语言能力之间显然密切相关,存在语言熟练程度的最低标准和较高标准之分:低于最低标准的交际者将不能有效运用背景知识;而高于较高标准的交际者能够充分利用语言能力优势补偿相关背景知识的缺乏。总之,具备特殊目的语言能力的第二语言学习者能够调用策略能力参与到特定目的话语领域中去,设立适合于特定目的领域的交际目的,整合并运用相关的特殊目的背景信息及语言知识来实现该目标。Douglas 在特殊目的英语测试能力的概念中加入了特殊目的背景知识,但并没有将之进行可操作化处理。这是本书关注的重点问题之一。

▶▶ 5. 职业话语能力

Bhatia 认为话语应用应当同职业群体联系起来,提出了职业英语话语分析的多角度四空间模式,包括文本空间(textual space)、策略空间、职业空间和社会空间。其中,职业空间和策略空间同属于社会—认知空间。与其话语分析的四空间模型相照应,Bhatia 认为话语能力包括文本能力(textual competence)、体裁能力(generic competence)和社会能力(social competence)。文本能力是文本内的与语言相关的能力,体裁能力和社会能力与非语言的文本外因素息息相关。文本能力不仅是指语言符号,也包括使用文本、语境和语用知识去建构和解释符合语境的文本的能力,而不仅仅是语言能力(linguistic competence)。体裁能力指对重现的或新的修辞情景做出反应的能力。在这一过程中,通过建构、解释和使用特定学科文化与实践中包含的体裁模式以达到一定的专业目的。社会能力指使用语言参与社会和情景语境的能力和表现社会身份的能力。其中体裁能力是话语能力的核心,是在职业语言使用中连接文本能力和社会能力的桥梁。

▶▶▶ 6. 跨文化交际能力

跨文化交际已成为现代交际不可避免的现象,具备跨文化交际能力亦成为现代交际能力的必要组成部分。然而就如何界定跨文化交际能力学者们并未形成一致的观点。但综观相关研究可见,学者们对于跨文化交际能力的阐述大都从知、情、行三个维度展开。学界普遍认为一个认知能力强的交际者通常熟练掌握目的语,熟悉目的语文化;在情感层面上,与目的语文化交流的动机更强烈,表现出积极的交际态度;同时,情感上对目的语文化持积极态度,学习目的语和目的文化的动机强烈,通过掌握目的语交际系统——言语和非言语促进了认知能力的发展,在行为上表现出良好的交际技巧。其中,Spitz Berg,Martin 和 Nakayama,Kim 等学者的观点较为有代表性。

(1)Spitz Berg 的跨文化交际能力构成理论

Spitz Berg 认为跨文化交际能力由知识、动机和技巧三个因素构成,三者相互影响、相互依存。跨文化交际能力需要足够的跨文化知识、积极的动机和有效的交际技巧,三个因素应同时具备,任何一个因素都不能单独构成跨文化交际能力。

知识指交际者应该了解目的文化中交际对象、语境以及人们对得体行为的要求等信息。这些知识是交际者正确解读交际对象传达的言语和非言语信息的基础,同时也是交际者选择得体交际行为的依据。缺乏跨文化交际知识,交际者便会无法确定自己的交际行为在目的文化的某一语境中是否得体或有效。跨文化知识包括广义文化知识(涉及各国文化的知识)和狭义文化知识(涉及某一特定文化的知识）。广义文化知识从宏观上解释跨文化交际现象，对交际者的跨文化交际行为做一般性的指导。了解文化对人际交往模式的影响可以帮助交际者理解跨文化交际语境中交际对象的行为取向。跨文化交际能力还需要掌握某一特定文化的知识和常识，特定的跨文化交际目标要求交际者掌握特定语境的知识，例如，进行跨文化商务沟通要求交际者掌握目的文化中有关商务活动的常识，出国留学要掌握与学习和生活有关的文化常识等。

动机指交际者在预期和进行跨文化交际活动时的情感联想。与知识一样，不同的情感因素影响跨文化交际的效果。跨文化交际中人们会有幸福、哀伤、急切、愤怒、紧张、惊讶、迷惑、轻松和快乐等情感体验。感觉涉及交际者对其他文化的敏感性，以及对交际对象和某一特定文化的态度。提高体验陌生事物的动机有利于提高跨文化交际能力。意图或目的是指导行为的目标和计划，指导交际者在具体交际活动中的行为取向。人们对来自不同文化背景的人往往持有某种定势性的看法，这种看法可以帮助交际者缩小采取应对措施的选择范围，意图会受这种定势的影响。如果在交际行为发生之前，交际者对交际对象或其文化持有负面的看法，那么在交际中这种负面看法会影响到对交际对象行为的客观判断。如果交际意图或目的是积极的，交际双方彼此的判断和评价准确，表明交际者跨文化交际能力较强。

技巧是在跨文化交际中表现出来的得体、有效的交际行为。交际者只掌握必需的跨文化交际知识、持有积极的交际动机还不足以完成跨文化交际任务，他同时必须能够运用一定的行为技巧。

（2）Martin 和 Nakayama 的跨文化交际能力构成理论

Martin 和 Nakayama 提出一种新的跨文化交际能力模式，包括知识因素、情感因素、心智活动特征和情境特征四个要素。

第一，知识因素；跨文化交际能力中的知识因素指交际者对交际对象所在文化了解的程度，了解对方文化越多，跨文化交际能力越强。交际者应该了解目的文化的价值观念和信仰，了解交际对象来自何种文化模式。交际者还应掌握目的语文化的言语和非言语交际脚本。交际理论家 Charles 认为言语和非言语脚本对交际有指导作用。脚本存在于人脑的长时记忆中。一个知识经验丰富的交际者拥有较多的能够指导他理解和预见交际对象交际行为的脚本库。

第二，情感因素；跨文化交际中的情感因素指交际者对待来自不同文化的交际对象和跨文化交际行为的态度——接近或疏远,其重要特点是对跨文化交际活动产生的焦虑,即因正在进行的或预期进行的跨文化交际活动产生恐惧和焦虑心情。是否愿意进行交际,即交际动机,是跨文化交际能力构成中的重要情感因素。跨文化交际能力中的知识因素和情感因素相互支持、相互影响,跨文化交际知识越多,跨文化交际的心理压力越小,进行跨文化交际的动机越强;交际动机越强烈,获得跨文化交际经验的机会越多,积累的跨文化知识就会越来越多。

第三,心智活动因素:心智活动因素是知识和情感因素的体现,内容包括言语和非言语表达以及角色扮演。言语表达指个体如何运用语言。交际者可能了解很多目的语的语言知识,但是语用能力很差,不能在实际对话中使用目的语流利表达。非言语表达也是重要的心智活动之一。交际者要注意对方文化中肢体语言、时间语言、颜色语言、空间语言和辅助语言等非言语符号的细微差别。

第四,情境特征:跨文化交际能力的第四个因素是发生跨文化交际的真实语境。个体可能在某一语境中表现出较强的交际能力,而在其他语境中则无法自如应对,因此交际能力的大小依语境变化,影响跨文化交际能力的情境特征包括环境语境、预先接触、地位差别和第三方的干扰等。

(3)Kim 的跨文化交际能力构成理论

Kim 运用社会心理学、应用语言学和社会学方法,把影响跨文化交际能力的因素结合起来,形成一个新的跨文化交际能力模式。跨文化交际能力由认知能力、情感能力和行为能力构成,三者相互联系,相互影响,不可分割。

①认知能力要素

交际是一个复杂的过程,是交际者对交际目的进行编码,形成信息,再通过一定的渠道或者方式传达到接受者,由接受者解码反馈的过程。交际过程中的各个环节都受到交际双方性别、年龄、受教育程度和文化背景等干扰。跨文化交际的认知能力要求交际者具有能够理解并破译不同言语和非言语编码的能力,具体包括三方面的能力:掌握目的文化的交际体系、文化理解和认知综合能力。

②情感能力要素

情感能力是跨文化交际能力的重要组成部分,要求交际者具有跨文化交际意识、尊重其他文化、克服民族中心主义、种族主义等交际障碍的能力。具备良好的移情能力有利于在行为上采取得体的交际策略。情感能力包括适应动机、身份弹性及审美情绪这三方面的内容。

③行为能力要素

跨文化交际能力指主体能与不同文化背景的个人或者群体进行有效沟通的能力。交际是一种行为,交际能力体现在具体交际行为中,所以跨文化交际的行为能力是跨文化交际能力的最终体现。行为能力的最终形成需要认知能力所获得的知识做支撑,情感能力做铺垫,即通过具体行为表达个人的认知和情感经验,包括技术能力、协同一致能力和应对变化的策略能力。技术能力是基本的语言技能、工作技能、学术技能等一切能够获得有用信息、解决不同问题的技能;协同一致能力指交际者能够以得体的举止与当地人和谐相处的能力;应对变化的策略能力指交际者能够克服文化差异,运用合适的交际策略解决问题、实现交际目标的能力。

(二)语言能力标准研究

语言能力量表,又称语言能力标准,是对语言使用者运用某种语言能力的一系列描述。每个量表包括不同级别,分别描述语言能力发展的不同阶段。语言能力量表可以用来描述学生语言学习的目标,可以作为考试级别制定的标准,也可以用来评估不同人员的语言水平。目前,国外具有影响力的量表主要包括美国的跨部门语言圆桌量表、美国外语教学委员会语言能力分级标准、加拿大语言量表、欧洲语言测试者协会的能力描述、欧洲语言共同参考框架:学习、教学、评估和澳大利亚第二语言能力量表等。这些语言量表体现了现代语言教学、学习和评估的新理念,对教师培训、课程设计、测试开发、教材编写等极具参考价值。

▶▶ 1. 跨部门语言圆桌量表

跨部门语言圆桌量表开创了语言能力量表研制的先河,为后来类似语言量表的制定提供了重要的参考。量表的每一级别对听、说、读、写和翻译技能均有描述。例如,达到三级水平的考生,能够"听懂包括专业领域技术讨论等在内的所有谈话的主要内容,能基本理解谈话中的暗示和感情色彩","能以正常速度阅读并基本理解各种熟悉话题的真实书面材料","准确掌握足够的结构和词汇,能有效参与大多数生活和专业话题的正式及非正式交谈,口头表达中出现的小错误不影响理解","能有效运用语言进行有关生活和专业话题的正式及非正式写作,所掌握的拼写、词汇、结构足以准确传递信息,出现的错误不影响理解"。该量表的不足之处在于仅描述了听、说、读、写等分项语言技能,没有对语言能力做出总体描述。

2. 美国外语教学委员会的语言能力分级

美国外语教学委员会认为语言测试任务应该考查五个方面的外语教育目标:交际(communication)、文化(cultures)、联系(connections)、比较(comparisons)和社团(communities),简称5Cs。这五个外语教育的目标和学习者的能力相互照应,ACTFL的语言能力分级标准正是基于这五个教育目标的而制定。这五个目标相互作用,不可分割,体现了人类语言的复杂性。每个目标下又可以分出更细的能力描述:

交际:用外语进行交际能够提供和获取信息,表达感情和情感,交换意见;能够理解和阐释不同主题的书面和口头语言;能够就不同的主题向听众和读者阐明信息、概念和思想。

文化:获得文化知识并理解文化。理解所学文化中文化习俗和文化观念的关系。理解所学文化中文化产物和文化观念的关系。

联系:联系其他学科并获得信息。通过外语学习加强和扩展其他学科的知识。获得信息并且认识到这些有特色的观点只有通过外语学习和文化学习才能获得。

比较:领悟语言和文化的本质。通过对比所学外语和自己的母语理解语言的本质。通过对比所学文化和本族文化理解文化的概念。

社团:融入多语社团。在校内外都使用所学语言。学生表现出将要使用所学语言来娱乐和自我丰富的迹象,从而成为该语言的终生学习者。

3. 加拿大语言量表

加拿大语言量表综合了 Swain 以及 Bachman 等研究者关于语言能力的理论,涵盖五个方面的能力:即语言能力(linguistic competence)、文本能力(textual competence)、功能能力(functional competence)、社会文化能力(social cultural competence)和策略能力(strategic competence)。该量表细致地描述了学习者的听、说、读、写四项技能在交际中应达到的标准。语言能力涉及社交能力(social interaction)、指示能力(instruction)、说服能力(suasion)和信息能力

(information)。社交能力包括人际间交际能力、谈话手段、会话管理能力和电话交流能力等；指示能力指向听者发出一系列完成任务的指令；说服能力指劝说他人或对他人的劝说做出反应的能力；信息能力指信息交换过程中，如陈述和讨论，提出主张，表明观点，表述情感，描述事件等方面的能力。CLB 将语言能力分为12 个等级，听、说、读、写每项技能由易到难分为初级、中级和高级三个阶段，每个阶段细分为四个级别。

▶▶ 4. 欧洲语言测试者协会的能力描述

欧洲语言测试者协会制订了以"Can do statements"形式表述的语言能力标准，为描述语言学习的不同阶段所达到的能力提供了依据。欧洲语言测试者协会强调对学习者"应用能力"的研究，其目的就在于制定和完善一整套可以描述学习者实际应用外语能力的评估量表。欧洲语言测试者协会按照语言能力描述等级制定了能力描述量表（Can do statements），其中包括 400 多条语言学习功能性标准，主要围绕工作、学习、社会生活与旅游三个主题。其中，每个主题又包括一些特定的情景，如"社会生活与旅游"，包括购物、在外面吃饭、住宿等。每个情景所对应的描述量表有三个，分别对应口语和书面的能力描述。此外，还有口语互动环节的描述量表。每个量表包含一系列描述语言水平的具体指标，涉及需要完成的具体任务和完成任务所需要的语言技能。

▶▶ 5. 欧洲语言共同参考框架的能力描述

欧洲语言共同参考框架的能力构成框架将语言能力分为"一般能力"（general competences）和"语言交际能力"（communicative language competences），是欧洲理事会制定的关于语言学习、教学及评估的整体指导方针与行动纲领，是对几十年以来欧洲语言教学理论与实践的系统总结。它对欧洲和其他地区国家的语言教育产生了深远的影响，是欧洲各国修订外语教学大纲、编撰外语教材和设计外语能力测试的重要指南和必备参考。

"一般能力"包括知识、技能、个人素质和学习能力。"知识"指个人的综合文化水平、世界知识和跨文化知识；"技能"指学习者的社会能力，尤指学习者运用各种策略与目的语国家的交际者进行沟通的能力，它包括实践技能和跨文化处理技能两个方面；"个人素质"是个人性格、品质、态度的综合表现，了解学习者的个人素质对外语教学十分重要,因为这可以"帮助学习者在不同的语境下,用目的语和谐地表达与发展自己的个性,而不是要去改变它"。上述知识、技能和学习者个人素质的综合作用构成了学习者的"学习能力",也就是学习者善于观察新事物、积极参与创新并主动吸纳新知识、完善知识结构的能力。

"语言交际能力"包括语言能力、社会语言能力和语用能力三方面。CEFR 把语言交际活动分为语言理解、语言输出和互动,强调通过实际的语言交际来完成交际任务。CEFR 将语言界定为一种交流的工具,注重语言的社会效用。它强调语言运用环境的重要性,把语言运用环境分成个人交际环境、公共场合的交际环境、工作环境和教育环境。CEFR 提出了三种交际策略:第一,在理解过程中寻找线索并进行推断;第二,在互动环境中,参与讨论、合作、辩论、演讲等;第三,在语言表达活动中,采取计划、补偿和监控等策略。

第二节　基于体裁的商务英语话语研究

当今世界商务活动日益频繁,如何把商务实践和话语理论结合进行商务话语研究逐渐成为学者们关注的课题。本节的目的是回顾商务话语已有的研究并指出未来的发展走向。笔者希望文章能够抛砖引玉,引发同仁的关注和讨论,以促进商务话语研究在中国的进一步发展。

一、商务话语研究的回顾及其展望

(一)西方和中国的概况

西方国家关于商务话语的研究起步较早,成果也比较多。根据笔者 2017 年 9 月 29 日的检索,国际 SSCI 学术期刊发表有关"商务话语"的学术论文共 819 篇。其中 25.75% 论文的作者来自英国,20.02% 论文的作者来自美国,9.89% 论文的作者来自澳大利亚,8.18% 论文的作者来自加拿大。中国学者在 SSCI 期刊发表的文章仅占 3.9%。其中绝大多数还是来自香港的学者,研究的对象主要是香港社会的商务话语。而中国大陆学者发表的相关文章非常少见。在中国大陆,商务话语的研究是近几年才出现的。商务英语专业的开设和发展促进了教学和实际运用,但是该领域的研究却比较滞后。综观近5年中文社会科学索引来源期刊的论文,笔者发现商务话语/商务语篇的文章非常少见,仅为5篇。尽管具体到商务英语,发表的文章共有93篇,但是它和学科的发展需要并不相称。叶兴国等曾指出:大量商务英语的研究成果发表在一些比较另类的刊物上,影响了商务英语研究的学术声誉。此外,笔者还发现,不少论文往往局限于讨论商务话语的微观层面,很少从多个维度进行探讨。本书继张佐成之后,结合商务话语的最新研究成果做一个多层面的、全景式的综述,并结合目前的研究现状指出今后的发展趋势。

(二)商务话语的定义

不同学者对商务话语的定义和理解不尽相同。目前有两种比较典型的看法。一种是狭窄层面的、实用功能性的定义,这个定义表明:它主要关注具体的商业机构,关注其"完成工作"的实际功能,话语也仅限于口头语和书面语,没有包含其他社会象征符号。

除此之外,商务话语还有一个外延更为广阔的定义,即在各种商务语境下语言和其他社会象征符号的话语使用和社会实践。和第一个定义相比,第二个定义有三点不同。首先,商务语境不仅包括具体的商业机构,还包含了城市、国家乃至全球的更大层面的语境。比如建设城市品牌、发展旅游产业、推动国际贸易和解决贸易摩擦都属于大商务的范畴,都和商务活动具有直接或者间接的联系。其次,话语不仅仅包含语言本身,还包括其他社会象征符号,比如图片、声频和视频等符号和语言符号之间的关系非常密切,它们共同构成了一个话语事件。最后,商务话语不仅具有"完成工作"的实用功能,还具有文化的、历史的乃至政治意识形态的多方面意义。本书对商务话语的讨论采用的是外延较为宽泛的第二个定义。

需要说明的是,话语分析和传统的语言学研究之间既有区别又有联系。它们的共同点是两者都非常关注语言,但两者又有差异。第一,传统的语言学关注点滴的词汇、语法和语音,重点研究自成一体的语言符号系统;而话语分析则超越小句单位,考察产生话语的各种语境;第二,传统的语言学主要考察语言使用,而话语不仅指语言本身,还包括其他社会象征符号。

（三）商务话语的8种分析法

不同的话语分析流派与商务语境结合，形成不同的商务话语分析法。本书将重点讨论如何在商务语境中运用8种话语分析法，即：会话分析法、民族志为基础的话语分析法、语料库为基础的话语分析法、多模态的话语分析法、体裁分析法、批评话语分析法、中介话语分析法和多元文化话语分析法。前7种话语分析法在 *Advances in Discourse Studies* 一书中有详细介绍，本书关于前7种分析法的介绍和部分范例参考了此书的内容，而第8种即多元文化话语法是笔者补充的，它是近年来在中国新兴发展起来的。

➤➤ 1.会话分析法

会话分析法是 Harvey Sacks、Emanuel 和 Gail Jefferson 在20世纪60年代晚期和70年代早期提出并发展起来的。会话分析法重点研究人们语言使用的互动，尤其关注自然语境下的真实语料。该学派最大的长处是在看似微不足道、"无意义的""偶然的"语言互动的细节中寻找规律，比如通过分析会话顺序、话轮替换和控制、会话修复、重叠谈话等探讨语言互动是如何组织和进行的。近年来会话分析法越来越多地被运用到工作场所，其研究成果为提高公司的人际互动、解决沟通问题提供了理论支持。

Nevile 以商务航班的飞行员对话为范例，讨论如何运用会话分析法研究解决沟通的障碍。在日常会话中，重叠谈话（overlapping talk）是比较常见的。但是航空业对飞行员会话的时序有严格的要求，重叠谈话在飞行员之间几乎是不能出现的。Nevile 分析了18次商业航行中飞行员的语言互动，发现飞行员的重叠谈话有两种不正常的现象。（1）延迟所导致的重叠谈话。比如：起飞时需要机长确认起飞，但是机长却没有马上回应。等了一会儿，机长才开口做延迟的回复。而飞行员几乎在同时也开口说话。这样重叠谈话就出现了。（2）不确定导致的重叠谈话。如果地面指挥中心已经发出"同意着落"（clearance）指令，而如果机舱里不在驾驶的飞行员（Pilot Not Flying，PNF）和正在驾驶的飞行员（PF，Pilot Flying）不能就是否收到指令达成共识，就会导致双方感觉不确定，隔了一段时间两人出现重叠谈话。

Nevile 发现，很多空难中都出现了重叠谈话的现象。比如澳大利亚空难的半小时录音中就出现了高达 20 次的重叠谈话。重叠谈话打破了机舱有序的正常会话。它显示飞行员之间的语言沟通出现了问题,给飞行任务的有序完成带来了麻烦。即使不是在人命攸关的航天业,在其他行业的商务活动中,人际互动和团队合作也同样重要。采用会话分析法进行这方面的探讨非常具有应用价值。

►► 2. 民族志为基础的话语分析法

民族志为基础的话语分析法从人类学和社会心理学发展演变而来。民族志的话语分析法主要受到美国人类语言学传统的影响。"ethno"并非专指种族或民族,而是泛指任何一个特定社会群体。该分析法不强调语言的具体分析,而是关注交际行为中语境的核心作用。为了深入了解特定社会群体的工作和生活方式,研究者需要长时间的参与式观察。除此之外,近年来该分析法还增加了新的、辅助性的研究方法:如文本的分析、焦点群体的访谈、问卷调查和描述直接参与者的经历。通过综合运用不同的方法,研究者能够为特定群体的行为和文化提供"深厚的"描述,从而为某个理论提出支持并得出相关结论。

民族志为基础的话语分析法比较适用于商务话语的研究,其中所倡导的参与者研究法被广泛应用。如 Smart 关于单个场所和多个场所的两项商务话语的研究都采取了民族志的方法。在第一项研究中,Smart 作为写作培训顾问在渥太华加拿大中央银行工作了 14 年,之后还在该银行做了 9 年的后续研究。该研究考察银行 275 位经济学家的话语实践,主要涉及以下两个方面:(1)研究经济学家如何运用各种书面语和口语体裁以及计算机支持的经济模型,创造专业知识描述加拿大经济的现状和未来走势;(2)研究经济学家如何运用另一套话语体裁进行银行外部的沟通,协调和政府、媒体、企业界、金融市场、劳动力市场以及学术界之间的关系,以维护该银行作为国家金融权威机构在公众中的合法性和权威性。

在 Smart 的第二项研究中,24 位修读《专门用途写作课程》的美国本科生不仅是观察者,更是积极的行动者。这些本科生在不同的机构如高科技公司、媒体机构、汽车制造公司和非营利机构实习。他们每周有 10 个小时在机构实习,还有 2 个小时由研究者指导学生如何搜集和分析工作场所的语料。这项研究持续了 4 年,它的主要目的是探讨写作如何在工作场所发挥作用,以及实习生如何从课堂转变到职业场所。其中所倡导的"参与者的行动研究"使学生很受益。

▶▶ 3. 语料库为基础的话语分析法

严格来说,语料库为基础的话语分析法并非独立的话语分析法,它是其他话语分析法的有效补充。本研究单独对它进行介绍和讨论,以强调它的重要性。语料库为基础的话语分析主要研究大量计算机认读的文本。最初主要集中在词汇和语法领域,最近才被广泛地运用到话语分析中。该分析法最大的特点是通过处理大量的文本,验证人们关于语言规律的直觉认识是否可靠,从而得出令人信服的结论。比如:大量的语料分析发现:"provide"包含正面的语义韵律(semantic prosody),较多和正面的名词搭配,如 aid、care、relief 等;相反,"cause"包含负面的语义韵律,较多和负面的名词搭配,如 trouble、accident、death 等。语料库的分析法适合于商务话语的研究。Sznajder 使用一个书面商务英语的专门语料库,以评估商务英语教材中隐喻的使用价值。

尽管大多数学者认为专门用途英语教学应该包含隐喻,但是并不清楚应该讲授什么隐喻。该研究对比了由商务期刊和商务报刊构成的语料库和商务英语教材,关注的焦点是关于战争、健康和运动三个领域的隐喻使用。结果表明:最大的差异是来自体育隐喻的不同。教材中体育隐喻的使用频率(16 次)高于在语料库中的使用(6 次)。此外,商务英语教材中使用最频繁的隐喻"fight""recover"从来没有在语料库中出现过。而且教材中超过一半的隐喻如"favorite""outsider""neck and neck""on the ropes""marathon""own goal""red card"从来没有在语料库中出现过。该研究指出:使用语料库的方法能够有助于了解隐喻的真正语言使用状况,简化商务话语教材设计的过程,切实帮助学生掌握真实的语言使用。

▶▶ 4. 多模态的话语分析法

多模态话语分析法的迅速发展离不开我们所处的多媒体新时代。电影、电视、电子媒体等大众媒体的影响力与日俱增,多媒体产品广泛流通。多模态话语分析法认为语言本身不再是意义生成的唯一模态。该学派强调:应该去除传统话语分析中的语言中心观,更多地关注其他非语言的社会象征符号(视觉图像、文章排版、音乐、体势语言、空间语言、建筑设计),以及语言和非语言符号之间的紧密关系。

商务话语充满了语言和其他符号的混合,是高密度的多模态活动。尽管学者采取的方法不尽相同，但却有一个共同的趋势，即从抽象的、脱离语境的分析转向结合社会行为和文化进行研究。Norris 结合人类意识的心理学理论，提出动态和静态结合的多模态综合分析法。她采用了前景－背景的连续统一体（foreground background continuum）理论，录像并分析了一家网站设计公司名叫 Tanya 的老板和员工通电话的全过程，并发现：Tanya 的口头语言、体势语言、眼神、手势和头部活动同时构建了若干个身份，即老板的身份、合伙人的身份、朋友的身份以及研究项目的参与者身份。该研究强调：身份并非是一个统一的、静态的整体，而是取决于特定的情景，并和其他社会活动者共同建构的。

5. 体裁分析法

体裁分析法强调特定行业的语言行为具有共同的交际目的。学者们对于体裁分析法有不同的理解。Miller 代表"新修辞学派"，他们提出体裁分析是"典型修辞行为"。澳大利亚学派的 Martin 运用系统功能语言学研究体裁，把体裁看作是"具有步骤性的、以目标为导向的社会过程"。尽管理论构建的来源不尽相同，使用的学术术语也不尽相同，但是从事体裁研究的学者都强调对语言使用的深层解释，强调特定行业或机构的背景下语言使用具有约定俗成性（conventionalization）。

不少学者使用体裁分析法分析商务话语。Bhatia 认为个人求职信和产品销售信都属于推销性体裁。虽然略有不同，但是都具有相同的、深层次的语步结构（move structures）："自我介绍"（introducing the offer）"正面评价求职者/产品"（positively evaluating the person/product）"对（雇主/消费者）提供激励"（adding incentives）"寻求回应"（soliciting responses）。无论个人求职信还是产品销售信都使用以上这些语步，这是因为他们/它们需要介绍和推销自己，以达到雇主录用求职者，或者消费者购买产品的目的。

6. 批评话语分析法

批评话语分析法是话语研究的一个重要流派。该学派揭示话语中隐含的、被自然化（naturalized）的意识形态和权力关系，以及话语对意识形态和权力的反作用。批评话语分析起源于 1979 年 Roger Fowler 在《语言和控制》一书中提出的"批评语言学"概念，1989 年 Norman Fairclough 在《语言与权力》一书中首次提出

"批评话语分析"的术语。在众多的分析模式中,具有较大影响的是以下 4 个模式:Roger Fowler 的批评语言学、Kress 的社会符号学研究、Ruth 的话语历史模式和 Norman Fairclough 的话语与社会变迁研究。

商务话语中隐含了很多不平等的权力关系。Sznajder 的研究关注工作场所中女性不平等的地位。之前的研究一般认为女领导偏爱间接的、民主的管理方式,男领导倾向于使用直接的、权威式的方式。该研究对丹麦一家大公司进行了实证调查,安排女经理和男经理在典型的工作日对自己开展工作的话语进行现场录音。研究发现女经理和男经理都倾向于使用间接的、女性式的管理方式。但是,最显著的差异在于公司员工对男女领导的管理方式认知和反应不同。男领导的权威性从未受到怀疑,但是若干例证却表明女领导的权威性经常被男员工质疑和挑战。

▶▶ 7. 中介话语分析法

中介话语分析是近几年新出现的话语分析法。该学派认为语言应该被视为一个中介的媒介,人们通过语言中介实施社会行为。既然话语只是社会行为的一个中介,就应该去除话语的中心地位。而物质产品和非话语的实践则构成了社会和文化的重要组成部分。中介话语分析关注"话语路线图"(discourse itineraries)和话语过程的"再符号化",着重探索具体的社会行为、社会实践、社会行为者。Scollon 分析了话语再符号化的 9 个过程。"行为(action)、实践(practice)、叙事(narrative)、授权(authorization)、认证(certification)、借代、再模态化、物质化(materialization)和具体化(reification)"。该研究以一包褐色的有机米为例,讨论了"有机食品"如何经历 9 个再符号化的过程,如何完成从农场的庄稼到餐桌上食品的转变。

行为指个体或者几个社会行为者在具体时间种植有机米的行为。实践指连续的、有规则的"连续种植有机米"的行为。叙事是推销式的话语,以支持生产有机米这样的说法。授权是指机构或社会认可有机米的叙述,说明这种社会实践具有可预测性和不变的持续性。认证是指通过授权以符号和文本的形式获得权力,认可"有机米"的社会实践和结果。借代指使用贴注的标签是简化行为、实践、叙事、授权、认证的一连串事件。物质化是指关注点从历史和实践转移到物体,即行为的结果。再模态化是指从文本的模态转向图表的模态。具体化指使用贴有标签的产品作为中介的媒介,完成相应的社会行为。在最后阶段,一包有机米从贴有标签的瓶子移到厨房,煮熟之后被放到餐桌。值得一提的是,这 9 个再符号化过程之间的顺序并非固定僵化,而是动态可变的。

▶▶ 8. 多元文化话语分析法

多元文化话语分析法认为话语是特定历史、文化环境下的言语交际事件——其实也就是社会(生活)事件,语言使用是其中的重要部分。多元文化话语分析学者(施旭,冯捷蕴,吴鹏)都强调话语分析转向的必要性和迫切性。他们指出话语分析应该超越文本空间本身,转向研究更加广阔丰富的历史文化以及社会实践。进行话语研究,必须要有自己的问题意识。在文化和话语研究中存在着西方统治的不平等现象。

一些学者把这种现象称作文化帝国主义。施旭一方面批评了话语分析界长期受西方文化主宰的不平等现象;另一方面,他也批评我国的教育和科研中存在着中学不足、西化有余的问题。该研究以话语与贸易摩擦为例,力争发掘我国外贸争端的话语经验和教训。该研究以 2005—2010 年中国和欧盟鞋类出口的"反倾销"纠纷为案例,提出从整体和辩证的视角研究语言使用。具体来讲,话语分析包含以下 6 个因素:(1)说听主体,(2)内容/形式,(3)传播媒介,(4)目的/原因/后果,(5)历史关系,(6)文化关系。研究特别指出:中方需要加强反对西方文化霸权的意识,更加充分地参与辩论。

冯捷蕴以北京旅游推广话语为例,提出北京城市和旅游发展中出现过于强调全球化和现代性焦虑的倾向。研究超越全球化和本土化两极思维的局限性,采用了全球本土化的视角,对北京旅游的宣传册、网站、视频进行了多维度的研究。研究发现:北京旅游推广话语呈现出全球本土化的特征,即混杂使用了英语、汉语,使用了代表西方文化和中国元素的图片,并使用了西方和中国的乐器和音乐。同时该研究还发现:不同行业的旅游推广话语显示出不同的趋势。旅游基础设施的推广话语呈现出"全球化强而本土化弱的倾向";相反,景点及餐饮文化推广则体现出"全球化弱而本土化强的倾向"。研究旨在反对旅游业的西化和现代化,强调全球本土化及其不均衡性在旅游发展中的重要意义。

尽管不同商务话语分析法的焦点和目的各不相同,但是本书讨论的 8 种话语分析法都可以在文本/语境(text/context)和符号模态(semiotic mode)两个维度的坐标上进行定位和审视。首先,在文本/语境维度,会话分析法和语料库的话语分析法主要以文本作为分析数据,民族志的话语分析法和中介话语分析法特别强调语境的关键作用,批评话语分析法、体裁分析法、多元文化话语分析法则更多地将微观的文本分析和宏观的社会文化语境、权力的不平等关系结合起来。其次,在符号模态的维度,传统的会话分析法和新近发展的语料库分析法主要把语言视为单模态的分析单位,但是多模态话语分析法则包含了其他社会符号,如:视觉图像、文章的排版、视频材料、身势语言等。此外,体裁分析法、批评话语分析法、中介话语分析法、多元话语分析法也使用多种符号模态,以考察不同社会符号之间的内在联系和相互作用。

(四)未来商务话语研究的三个发展趋势

　　未来商务话语研究应该脱离画地为牢,探讨不同学派之间如何取长补短、互为补充。尽管商务话语研究的不同流派具有独特的特点,存在互相竞争的可能性,但是更重要的是不同流派互相影响,互为补充、融合和交叉。正如 Bhatia 所提出的:不同学派之间并非排斥的关系。某一种学派具有独特的长处,但是不可避免地它就存在先天的弱点,需要其他流派弥补其缺陷和不足。研究具体列出了不同的话语分析法如何认清自身的特点,如何互相借鉴。比如,会话分析法最大的长处是在看似微不足道、"没有意义"的语言互动的细节中寻找语言规律,研究会话是如何组织和进行的。但是"客观的"微观分析法较少关注语境,也有自身的局限性。作为学术的反思和进一步发展,民族志的话语分析法、批评话语分析法以及体裁分析法就更多地考虑语境因素。

　　此外,批评话语分析法并不运用语料库作为实证支持,其客观性和代表性就容易受到质疑。因此,近年来,以语料库为基础的话语分析法得到迅速发展,并被运用到商务话语分析。但是,该分析法也有先天的缺陷。其选取的例子经常脱离语境、缺乏理论的有力支撑。因此语料库的分析法就需要结合其他话语分析法。值得一提的是,话语研究长期以西方模式为主导。多元文化话语分析法反对西方霸权,强调发展中国家文化和传统的重要性。它是对已有的话语分析法有益的补充和发展。

　　未来商务话语研究需要更多地结合实地调查。尽管话语分析学者普遍认为文本研究需要结合语境,不同的语言形式在不同的语境之中具有不同的意义。但是国内采取实地调查的研究并不多见,从 CSSCI 期刊发表的关于"商务话语"研究的论文中可见一斑。辛斌认为话语分析者受过良好的训练,具备相当多的语言学和语用学知识,比普通读者对语言具有更好的敏感性。笔者认为这对文学作品的欣赏是非常适用的。因为文本一旦产生,作者就死了。一百个人对莎士比亚的作品有一百个理解。不过,在商务语境中,为了避免话语分析的偏差甚至谬误,克服话语分析者对商务活动不甚了解的局限性,应当鼓励话语研究者借鉴和采用社会学中常用的实地调查的方法。

实地调查既包括参与者式的观察(ethnographic study),也包括采访和问卷。即使研究者不能使用录像或录音,亦可使用调查笔记(field note)的方法加以弥补。使用这些方法能够使话语分析者增强对实际商务活动的了解,对具体分析产生直接或者间接的帮助。几位学者从研究实例说明了实地调查对于商务话语研究的重要性。Bhatia 提出:如果仅是分析上市公司年报中董事局主席致公司股民的公开信(公关话语),而并不了解上市公司的财务实践,就有可能得出错误的判断和结论。Zhang 研究中国商务英语学生的写作。他采访了 8 位从事国际商务的资深专家,采集了 1 043 份关于学生商务英语作文的评语。这些评语对于分析学生的写作状况很有帮助。

冯捷蕴在研究北京旅游推广话语时,发现不能仅从旅行社名称判断旅行社是否已经国际化。通过咨询旅游业的资深专家,笔者得知:中国旅行社的名称中直接带有"国际"字样,只说明该公司具有经营跨境业务的资格,和国际化程度的高低并无关联。此外,Feng 在进行"中国广告话语和社会变迁的研究"时,发现广东省委党报《南方日报》的审批广告和药品广告居于各类广告的首位。经过实地采访报刊的负责人,获得了以下信息:广东省在 2002 年曾经规定凡是药品审批,都必须先在党报刊登,并缴纳可观的广告费用。此外,很多商家偏爱在党报刊登广告,是因为党报有助于增加药品的可信度、树立消费者的信心。以上采访信息帮助笔者得出以下结论:在以市场为导向的当代中国广告话语中,混杂着垄断话语和权威话语。

商务话语研究需要更加注重"全球本土化"的视角。在充分了解西方的各种话语分析理论的基础上,我们需要更多地关注当代中国社会、商务实践、话语实践、文化传统。如果只是盲从西方理论而不顾本土的实践和具体的语料,其理论框架就可能是一件不合身的紧身衣,研究结果也很难令人信服。从国家层面来说,中国已经是世界第二大经济体。中国与各国的贸易往来不断增加,贸易摩擦也时有发生。从公司层面来说,很多外国企业在华从事商务活动,越来越多的中国企业也正在走出国门。从中西方文化的层面来说,中国的商务活动离不开中国的历史和文化传统,同时又受到西方文化的影响或者冲击。在复杂多变的各种语境中,当代中国的商务活动正在全方位地开展,而所有的商务活动都离不开话语实践。研究商务话语的学者应该从丰富的、当代中国的商务实践出发,找到合适的理论框架并有所创新,逐步提高学术水平,并和西方话语学术界展开平等的对话和交流。

二、商务语言研究的社会语言学视角与方法

从社会语言学理论视角研究商务语言,从"商务语言"和"语言商务"两个互补视角全面看待商务英语作为一种社会语言学现象,讨论与语言相关的多维商务社会范畴,包括身份、权势、意识形态、语言态度、性别、语言政策和人际关系等,以期推动商务英语研究的发展。

(一)社会语言学的微观视角

社会语言学产生于 20 世纪 60 年代,从 Labov 考量语言变体在社会经济阶层分布的早期研究开始,社会经济一直是社会语言学的核心问题;Bourdieu 提出语言是象征资本,更明确指出语言的经济属性,表明经济活动与语言研究密不可分。

▶▶ 1. 全球化与本土化

经济全球化时代,跨国公司迅速发展,管理团队、劳动力构成日益国际化,在日益频繁的国际商务、贸易和金融业务往来中,英语担当起"通用语"的角色,成为国际间交往和跨国公司管理的首选工具。英语作为后殖民时代的遗产,"温水煮青蛙"一般取得了商务领域话语权,英语成为"现代性""国际化"的标志,在商务语言市场上为掌握英语能力的人士提供跨国资本,这种资本对于努力和国际接轨的国家居民来讲具有不可抵抗的诱惑力,企业竞相用英语来售卖自己的理念和商品,一些国家全民学英语,并把英语学习纳入国家语言政策。但这一地位的"合法性"值得质疑和深究。

支持者的声音大致有两种:(1)英语语法结构简单易学;(2)存在即合理,英语为母语和官方语言的国家数量最多,英语提高了企业工作效率和跨文化商务交际效果。"英语简单说"不攻自破,从语言类型学来说,仅依据某些语法结构来判断一种语言的简繁是不成立的;学习英语的难易取决于很多因素,例如母语和英语亲缘关系,使用英语的环境等,"易学"不具有世界普遍意义;"简""繁""难""易"划分的背后,隐藏的是西方语言种族中心主义的"优""劣"观,认为英语本质上优于其他国家语言。第二种观点带有成者王侯败者贼的霸气,并以数字掩盖真相。Crystall 在 20 世纪 90 年代估计 80%讲英语的人是非英语母语人,最近估计 90%讲英语的人是非英语母语人,多数人使用少数的人的语言用以提高工作效率,岂非笑谈。

有人从通用语(lingua franca)的词源出发质疑"商务英语通用语"的概念,历史上的通用语是多语地区为了商贸往来而采用的共同语言,不是任何人的母语。今天的英语对于英美加澳等国是母语,具有专属文化属性,因此通用语的概念值得重新考虑(Charles,2007)。英语的普及在欧洲被视为"语言问题",威胁到欧洲本土语言,根据欧洲政策,如果欧洲民主要走向国际化,关键问题在于确保语言教学的多样化,以便欧洲人可以用自己的语言交流,而不需要借用英语。近年来关于英语使用出现功能实用主义思潮,认为保留英语并非后殖民帝国主义,而是出于实用功能。使用英语既有利于国际贸易(实用主义),又能促进双边交流和相互理解(理想主义)。英语实用论不仅受到欧美学者的欢迎,也日益受到来自英语非母语国家学者的支持,例如新加坡和尼日利亚。这个转变标志着英语全球作用研究的新纪元。

此外,有研究向标准化英语提出挑战,指出英语出现本土化趋势,世界各地出现各种"全球英语"(Global English),例如马来西亚英语、印度英语等。Nair 从语音、词汇、句法和音韵(音高、语调和连读)等层面,展示马来西亚英语已经出现社会分层,形成社会方言变体和民族方言变体。有研究分析日本人花费大量时间和精力全民学英语但是却收效甚微的原因,在于全球化入侵带来的全球化身份与日本本土身份双重文化身份的矛盾纠结。全球化将非英语母语国家"他者化"(othering),加剧地区不平等,加剧贫富分化,"全球英语"在非英语母语国家占据支配地位。日本大和民族的身份在与全球身份的冲突中占据上风,于是出现了一种奇怪的现象,日本人学习英语,却加强了民族凝聚力,强化了日语学习,深刻体现全球英语搭建连接世界公民的桥梁,同时全球化进程却在加剧"他者化"的悖论。

如果说全球英语是英语的本土变体,全球本土化的产物——国际英语则是产生于商务英语培训实践的应用变体,是一种仅适用于小范围专业领域的英语变体,是利于各种母语的人理解和使用的英语。例如 Canning 培训公司首创"离岸英语",建议英语母语者应该使用符合对方能力和习惯的英语,使非英语母语国家的商务人士更容易理解。瑞典电讯巨人爱立信创立自己版本的国际英语——"爱立信英语",使用有限的词汇和语言结构简明扼要但准确传达技术信息。类似国际英语还有"空中管制英语""警务英语"等。Rogerson 提倡,非英语母语的人应该努力学习英语,而英语母语人士应该尽量说"国际英语",放慢语速,使用常用词汇和简单句式,让非英语母语人听懂。

》》 2. 语言接触

皮钦语、语码混用,当说两种语言的人短暂接触,缺少共同的语言,容易产生皮钦语(Pidgins)。"皮钦"产生于 18 世纪中国广东通商口岸边贸往来,是英语词 Business 的汉语式发音,后来用皮钦语泛指不同语言混合而成的混合语。皮钦语词汇量较小,从现有语言中借词,没有固定语法、句法,发生在没有共同语言又急于进行交流的人群之间。任何皮钦语都是由于国际商务往来的需要而产生的,是一种通用语。21 世纪全球大约有 20 亿人使用英语,但母语英语的人只有不足 4 亿,这势必导致皮钦语的产生,尤其是在一些语言教学资源不足的地方,例如在旅游景点,当地居民为了和外国游客交流赢得赚钱机会,会向游客进行调适讲游客语言,尽管发音和语法缺乏准确性,但是能完成最基本的寒暄和商务活动。有人认为,前述"全球英语"也属于皮钦语;它既非英美人的英语也不是当地人母语,是介于两者之间的过渡语或混成语。有人认为各地皮钦语泛滥,不利于彼此交流,造成无政府主义的语言混乱。因此有人倡导世界各地使用标准化英语。

Haber Land 提出,标准化并非中立和公益的,而是代表并增值"精英"人群的利益。语言博弈是一场零和游戏,有赢就有输,标准语所属群体是既得利益者,享有特权;其他人则是被异化、边缘化的人群。皮钦语的概念含有歧视色彩,被认为是变质的坏的语言。世界各地的英语变体,从词汇、语音、拼写、标点、话语结构和修辞等各方面都自成体系,有别于英美标准英语,但语言无所谓好坏。Haber 早年的研究使我们了解，各种英语变体不存在逻辑缺陷。现代英语形成过程也经历了反复的皮钦化和克里奥尔化，因此对皮钦语的歧视是无端的。

商务语言中的语码选择、语码混用和语码切换现象也一直是社会语言学关注的焦点，因为语码是人们最常用来指示情景和身份的语言特征。从前文概述不难看出，语码选择凸显英语本族语人和非英语本族语人之间的分割，而语码切换和混用，往往意味着多重社会象征意义和多重身份的融合或并立。

有人使用 Myers 的矩阵语言框架语码转换句法格局理论和 Poplack 语码转换句法范畴理论，解释西班牙 Vueling 航空公司广告在同一个西班牙句子甚至同一个词语中穿插英语、法语和意大利语的语码混用现象，这样的多语广告不针对说任何语言的乘客，即目的不在于传达文字信息，而在于传递"外国味道"，将语言文字拜物化（Linguistic Fetishism）（Kelley Holmes），嵌入语言（Embedded Languages）营造企业全球化、至少是欧洲化形象，矩阵语言（Matrix Language）也保持和强化了西班牙本土身份。语码混用模式也可以显示宏观社会背景，例如 Zhang W. 通过对双语城市深圳一家电台的热线节目主持人的微观语码切换行为调查，透视普通话占据主导地位，粤语、客家、闽语等方言为辅的方言格局。语码不仅包括语言宏观语码，例如英语、西班牙语，也包括微观文化语码或者地方方言，例如黑人英语，或 Zhang W. 研究中的粤语，此外，还包括第三种语码：个人语体、行业专用语或品牌语码。

有人从管理角度研究企业如何通过语码控制营造品牌社区，员工培训、广告和商铺标识都使用品牌专用语码，例如麦当劳、星巴克快餐的专有食品名称，并通过引导顾客熟知、使用品牌语码扩大和保持忠实客户基数；商家通过语码控制，使顾客和员工尽量使用品牌语码，以便维护品牌语码并提高服务效率；但也会有失控的情况发生，由于语言能力、语言偏好或者对其他品牌更熟知等原因顾客可能不使用品牌语码。研究表明，当企业话语脚本不能满足顾客使用需要的时候，服务人员语码切换或语码混用有利于增进理解，可以产生积极作用。

▶▶ 3. 商务语体

常用商务语体包括会议、谈判、广告、年度报告、企业宗旨、外包呼叫中心电话和电子邮件等。会议是企业日常交流相当重要的一部分，所有的会议都以谈话的形式进行。Harris 认为，"会议中个体聚集到一起谈话使企业存在"。Harris 从社会语言学的角度给会议下定义,认为会议是主席和与会人为了完成任务、进行决策而进行的聚会,有正式和非正式之分。他们认为,与普通对话相比,会议是任务主导的,有一定的主题。会议主席与普通与会者角色不同,负责引导话题。会议以主题、任务和决策为核心,具有明确的任务性,参会人的社会角色有清楚的分工。

社会语言学主义关注国家文化对会议的影响、语言选择、话语策略和角色建构等话题。文化差异可以导致会议结构和语用特点的区别,不同文化背景赋予会议不同的意义资源,对于异族文化语码的掌握和尊重,是会议取得预期结果的密钥。会议规模、地点、目的和参会人的关系都会影响会议语言选择和语言行为。目前英语是国际会议的官方语言,有研究关注英语造成社会分割和不平等,但更多研究关注交际效果和不同语言的不同职能:英语作为会议官方语言,其他语言作为语用和策略资源。大量研究关注语言技巧、话语策略和话语风格。会议交际情景预设了话语资源,并预设了参会人的话语身份,但话语资源和话语身份并不是固定不变的,而是在会议过程中通过决策环节逐步建构起来的。

谈判是带有共同或矛盾利益的双方试图达成双方利益共识的协商过程,从社会语言学角度来说是基于话语的情景活动,在具体社会背景中交互构建,谈判过程充斥着文化、策略、背景行业语境信息。社会语言学家通过实证方法、话语分析和跨文化研究等方法,研究谈判桌下的权势不平等、谈判秩序和友好关系等谈判策略。商务谈判研究的趋势,一个是多模态话语分析,一个是跨学科视角。

广告的象征意义一直受到社会语言学家的关注,尤其是标志现代性、全球化、年轻、进取的英语的语码借用,此外还有象征全球化身份的语码混用广告。商品经济对语言生活的影响全面而深刻,广告入侵机构话语是其中一例,高校招生简章出现明显商业广告味道。另外对于面向少数群体或国外顾客进行语言调适和民族文化调适的商业广告效果的研究对于广告设计起到反拨作用。

第二次世界大战结束后的半个世纪,各种常规商务书面语体结构形式发生很大变化,反映价值取向的改变。以年度报表为例,传统年度报表以呆板的财务报告为主体,现代年度报表的内容结构和形式都发生了重大改变,篇幅激增,大量信息披露内容,满篇图表,财务报表归入附件,旨在突出企业业绩,构建企业积极形象。报告的变化体现整个行业行为规范环境的变化,明确体现消费者导向,并取悦和吸引股东。不仅企业报告语体,有研究发现,会计行业规范都在发生变化,例如术语的重新表述和新术语的产生,反映技术发展、社会意识形态演变、司法程序的要求以及权力关系的变革。此外,企业宗旨(mission statement)作为企业对外形象的第一张面孔,也是企业竞相改进的书面语体。有研究比较世界财富 1000 强企业,通过比较前 500 强和后 500 强企业宗旨陈述语体发现,所有陈述都使用语篇策略创造企业认同和积极形象,前者较之后者更多涉及哲学、目标市场、安全和团队等内容,更多体现对员工的关心。

现代西方企业竞相拓展业务流程外包,将生产、客服等环节转移到发展中国家,意在降低成本。外包业务则成为发展中国家的重要产业形式,印度从 2010 年到 2015 年承办外包呼叫中心业务增长 1200%。离岸承办地语言问题进入企业和社会语言学者视野。一项调查研究了一家保险公司在离岸承办地菲律宾的客服电话业务,发现交际失败率达 39.5%。除了语言能力(英语发音、语法)之外,构成交际困难的主要因素在于文化差异导致话语策略差异。此外有人研究印度呼叫中心接线员如何在话语中建立协商自己的多重文化身份以及他们对多重身份的看法。外包使承办地社会生活发生重大改变,给西方企业和承办地带来收益的同时,也加剧了地区不平等,加剧贫困。

20 世纪 90 年代以来电子邮件新媒介成为商务交际不可或缺的部分,新媒体对于商务话语带来多方面影响,对企业决策起到重要辅助作用,近年来有关电子邮件的技术、特征、规范和作用的研究增多。研究电子邮件受欢迎的社会心理原因:权变理论(contingency)(媒介与任务相适合)、主观理论(主体对媒介理性选择)和情景理论(出于通信技术特征、同辈经验、专家意见做出选择)。商务用途研究多关于电子邮件作为管理手段和商贸往来工具的时空效应以及商务英语教学的商务信函写作规范。近来也有些开始进行电子邮件的多模态分析,尤其是对非语言语境提示的作用,例如大写和表情符。此外也有人分析经济诈骗邮件的话语策略和语用策略,并探究网络诈骗的社会原因。

▶▶▶ 4. 语言景观

多模态分析语言景观是刚刚进入学者视野的一种语体,尽管语言景观的存在由来已久。语言景观指的是某地区可见的、显著的公共或商务语言标识,公路路标提示语、广告、户外看板、街道名、商铺招牌、政府建筑公共标志等,都是语言景观。多数语言景观研究从城市语言规划角度进行,但这些研究只关心语言本身,并不关注语言景观和周围建筑环境的对话。除了信息传递功能,社会语言学者更关注语言景观的象征功能。东京、曼谷街头出现的英语标牌,苏联解体后大街小巷出现外语命名的商铺,唐人街面向不懂汉语的消费者纷纷悬挂汉字书写的标牌,甚至连地道的美国快餐店星巴克也挂出汉字标牌。这些地方的语言不仅是物理空间,更是意识形态空间,出售的商品和服务是现代性、新型私有产业主或者中产化华人地位等象征价值。以唐人街黄金地段广告为例,语言文本、图片、广告牌耐用材料、黄金地段,共同构成该语言景观的物理空间,以多模态叙事手段向路人传递企业的财富、地位、权力,构建出华人业主的中产阶级社会身份。因此,从语境、历史和物理空间的视角研究语言景观,更有利于揭示其意识形态本质。

(二)社会语言学的宏观视角

在全球化商务交际背景下,语言商务从宏观视角讨论商务语言构筑的社会事实,突出语言与社会的互构,包括权力与身份、语言规划、商品化和人际关系等。

▶▶ 1.权势与身份

商务使来自不同地区和国家经济文化背景的人汇聚,导致语言接触。全球化的英语并没有给世界带来它期许的统一和平等,精英社会语言文化中心主义阴霾始终笼罩。但世界经济在发展,政治经济权势关系不断变化。社会语言学家认识到,语言和身份不是自治的、固定和一致的结构,而是过程和行为,具有流动性和多元性。语言和语体是具有交际性、象征性、物质性的资源,主体衡量所在交际情景的权势关系,通过选择性地使用可用资源赋予交际情景文化意识形态,从而塑造和改变与对方的权势关系,通过语言行为构建和协商自己的职场身份和民族文化身份。身份随交际产生,在话语和文化意识形态中建构。商务语言的各种变体不仅反映存在的社会范畴和社会变化,而且形成构建社会范畴的源泉,并推动社会变革。

▶▶ 2.语言规划

由于英语在国际商务中的地位,许多发展中国家把英语教学作为语言政策,以便帮助国民具有现代化的未来。世界的另一极,英语母语的西方国家,考虑到英语的重要交际作用,也进行国家语言规划。20 世纪 70 年代美国爆发"消费者运动"，要求提升产品质量和服务质量，并展开"公文改革"（描述产品和服务的文字改革），提出用"简明英文"代替冗长官样文章，此后广泛应用到保险业和金融业。简明英文是直接清楚的表达方式，尽量少地使用文字，避免使用晦涩、虚夸的词汇和复杂的句式；不使用华丽古旧辞藻，增强可读性，采用普通词汇、短句，减少名词化和被动句式，使用第一、第二人称代词使文字读起来更加亲切，使用例子和情节解释概念。1998年，克林顿总统敦促行政局属和代理部门也采用简明英文，进而影响到英国、加拿大、澳大利亚和南非等国家，波及商务英文和政府公文。简明英文运动对于促进全球化商务交往和全球英语的形成起到积极作用。

▶▶ 3. 商品化

在商品社会，商务语言与社会存在一种互为商品化关系。语言不仅是商务活动的工具，商务过程也将语言商品化，使语言成为消费产品，例如广告、媒体、通俗文化中象征性地使用语言和方言来获得利润，话语本身也正日益被当作商品出售，例如各种形式的亲和营销（心理治疗、色情电话），又如脱口秀、相声、小品、清口等语言类娱乐节目。另一方面，语言和消费者之间的关系也被商品化，广告话语、大众媒体语篇文本，例如流行文学、电视剧等商品化话语形式，把听众转变成为消费者。

▶▶ 4. 人际关系

人际关系和身份有相似之处，但后者更注重权势的不平等，前者更偏重双方的角色差异。本小节讨论语言与人际关系的相互作用。人际关系和其他社会范畴一样也不是固有的，而是在交际中建构起来的。商务环境的关系最常见的有两种，上下级关系和客户关系。上下级关系可以用行为社区理论来研究，工作团组是一个行为社区，领导通过指导、评价、指令、决策等话语行为展演领导角色，建构领导身份。近期有人研究领导使用幽默实现友好关系管理，用自嘲来威胁自己的面子，暗示自己有权掌控局面调侃自己的弱点，从而建构积极的个人形象。女性领导的展演过程可能不如男性那么顺理成章，尤其是在男权社会的日本，女性管理高层遭遇性别话语与管理者话语的冲突。

Takano研究女性如何通过语境化策略、积极礼貌亲善策略和标记性礼貌语言建构多重身份，成为女性领导。客户关系研究多关注营销话语策略以及文化因素在跨国营销中的影响,例如美国(横向、平等)和日本(纵向、强弱)不同客户关系文化,会导致日本商人面对美国客人成功营销,而美国商人面对日本客人受到冷遇。

三、商务英语话语构建中的主体功能

现今社会,国家之间交流密切,英语作为重要的交流工具,对其的掌握程度往往决定了商务合作的最终结果。商务英语的重要性毋庸置疑。因此,其话语构建是教学的核心,也是本书谈论的对象。教师作为语言文化的传播者,其在教学中的主体功能就是文章的核心。这一主体功能如何得到发挥,是商务英语教学的主要任务。近年来,随着商务英语交际人才需求的增多,高校面临专业教师缺乏,商务英语教学方法单一,对其重视程度不够等问题。要解决这一问题,我们首先应明确商务英语话语构建中教师的主体功能。

(一)商务英语话语构建

商务英语中的话语构建,目的是实现沟通和交流,其中话语构建要求按照一定的语法结构,完整地表达说话者的中心思想。商务英语作为谈判的重要工具,其构建具有专业性和目的性等特点,教师作为课堂教学的引导者,在商务英语语言构建中起着至关重要的作用。商务英语语言构建需要教师根据教学大纲要求和学生能力范围决定语言的难易程度,并且为学生提供良好的语言构建环境。也就是说,在商务英语构建中,教师具有主体功能,其作用不容忽视。

(二)商务英语话语构建中的主体功能

教师作为教学的执行者,毫无疑问在商务英语构建中具有主体功能。要完成商务英语语言构建,教师必须具有扎实的商务知识和专业的英语水平,并且了解商务英语谈判技巧,从而通过商务英语教学,提高学生的语言交际能力。其主体功能主要体现在以下几方面。

➤➤ 1. 主体设计者功能

教师对课堂应具有整体的掌控能力,这一点主要体现在教师应做好课堂教学内容的设计。因此,在商务英语教学中,教师的设计功能至关重要,其中包括教材和教学内容的选取,教学方法和教学目的的确定,以及教学实践活动的策划和安排等等。教师的设计者功能还体现在其应具有先进的教学理念,将教学方法设计与教学大纲紧密结合在一起,使二者相互适应。根据英语教学目标,教师应设计与学生实践相符合的教学内容,以提高学生的积极性,以实现学生的商务谈判为根本目的进行教学。

❱❱ 2. 主体实践者功能

商务英语教师的实践者功能是英语教学根本目标的要求。实践交流不仅是学生的任务,更是教师传授英语知识的最终目的。基于这一前提,商务英语教学不再只是理论知识的传授,更是在教学实践中不断地渗透理论知识,使二者有机结合。发挥教师的主体实践者功能,有助于激发学生的积极性,促进教学效率的提高。教师对商务英语教学效果具有很大影响,教师能否成为教学实践者,或者能否通过实践达到教学目的,都是现代商务英语教学中的关键。作为主体实践者,教师应参与到教学中,为学生设计符合其特点和能力的教学实践内容,并和学生共同参与,以便能够及时发现学生存在的问题,促进学生语言水平的提高。

同时,教师与学生的互动使学生乐于参加实践,而实践则意味着实效和结果的产生,也代表着实现了思想与意识的目标。但总体实践目的要通过具体目标的实现来达到,因此,在商务英语语言构建过程中,教师应充分发挥其主体实践者功能。若将商务英语的话语构建当作一种教学实践,那么教师的主体实践者功能就体现为替学生设计和完善每个教学细节,帮助学生完成教学实践。这不仅是教学目标的要求,还是商务英语教师教学主体的具体体现。另外,教学理论与实践之间存在一定差异,教师的主要任务就是如何在教学中实现理论向实践的扩展,巧妙地将学生所学知识运用到实践中。商务英语话语构建具有目的性,因此提高学生的语言组织能力是关键,其中包括提高学生的语言表达能力、听说能力和写作能力等,这样才能提高其语言交际能力。

❱❱ 3. 主体文化传播者功能

语言与文化之间具有不可分割的关系。任何语言都具有自身的文化背景,因此商务英语教师不仅是语言的传授者,还是文化传播者。也就是在商务英语教学中,教师不仅要重视商务英语知识传授,还应注重语言文化的传播。尤其是作为交流的重要工具,语言文化一定程度上影响商务谈判的结果。因此,对于商务英语的语言构建,教师应起到文化传播的作用,帮助学生对自己的思想进行明确表达,并且帮助学生了解语言的文化背景,实现文化的传播。只有让学生了解语言文化,才能减少表达中的失误,从而促进商务英语交流。语言的跨文化特点是学生应该掌握的重点,教师在文化传播的过程中,应抓住中西文化的主要差异,做到全面且重点突出,使学生能够真正接触英语文化,提高商务英语谈判能力。

四、商务英语话语实践能力培养方案

近年来,随着世界经济的不断发展,全球经济一体化进程也不断加快。社会对于商务领域人才的需求量急剧增多,其中,具有跨国际交流能力的商务英语的人才更是稀缺。然而,传统英语教学方法培养出来的学生大多是考试能力较强,但英语实际运用能力一般或者较差。为了使培养出来的学生更具竞争力,很多高专院校在英语教学方面也进行了大量的探索和改革,并取得了一定成果,然而,目前高专英语教学依然存在诸多弊端。

(一)商务英语教学现状

目前全国很多院校都设有商务英语专业,然而,此专业是随着改革开放的深入才逐渐被设立起来的,究其历史,不过二十多年时间。因此,各院校在对学生商务英语专业能力培养方案上始终没有取得一致意见,导致各校商务英语能力培养计划差异巨大,培养出来的学生能力也参差不齐,无法满足市场需求。究其原因,有以下几点。

> **1. 教学目标定位不准确**

由于全球经济一体化的发展,各大院校均看到了商务英语的巨大市场潜力,从而竞相开设商务英语专业,学生也觉得此专业潜力巨大,纷纷报考。然而,各院校均未对商务英语专业人才的市场能力要求进行仔细分析,也忽略了地域差异对于商务英语学生人才就业的影响,盲目地扩招学生,但教学上仍采用传统的英语教学方法,导致学生缺乏对商务活动中所需要的经济、管理、和法律知识的掌握和运用,造成学生工作所需和学校所学脱节,不能满足市场对商务英语人才的需求。

▶▶ 2. 教学模式落后

商务英语作为专门用途英语的重要门类,其教学模式应根据其特性做出相应改变,然而,国内许多院校仍然采用传统的基础英语的教学模式,即课程材料以语言文学类题材为主,缺乏专业导向,课堂设置偏重理论知识输出,缺乏对学生商务英语实际运用能力的培养,导致学生不能内化所学知识,不能对其进行灵活的运用。

▶▶ 3. 能力评价体系存在弊端

目前,高专英语教学的考核方法仍然沿用传统的笔试法,且以一次考试成绩作为评判学生综合英语能力的唯一标准,其结果存在极大的偶然性。以笔试作为考核学生英语综合能力的唯一方式,对于学生综合能力的考核存在极大的局限性。同时,在考核内容的设置上,主要以选择题为主,注重的是词汇和基本语法知识的考察,会导致学生偏向于机械性的记忆答案,却不能真正灵活地运用所学知识,以至于无法将学校课堂所学运用到商务活动场合中,出现高分低能的状况。

(二)商务英语教学改革方案

关注市场需求,增强学生商务英语实际运用能力,商务英语专业是以培养学生工作能力和职业素质的实用性专业,因此,在教学过程中必须关注市场对商务英语人才的能力需求,并将市场需求与人才培养计划和课程设置紧密联合起来,打造真正符合社会需求的英语复合型人才。从市场需求来看,商务英语教学应注重以下几点。

(1)应在教学课程设置中加入对贸易和法律法规的相关课程,使学生具备在商务活动中所必需的相关经济、贸易和法律知识,为就业成功取得一项优势。

(2)注重培养学生的计算机相关技能。从相关的商务英语人才招聘要求中可以看出,用人单位在除对学生英语水平有要求外,还十分注重学生在工作中的计算机操作能力。为使学生能够更好地适应工作环境,学校应加大对商务英语专业学生的计算机能力培养。

(3)加强对学生听、说、读、写、译的基础能力培养,并培养学生将这五项基本技能融入商业活动中的能力,着重于增强学生对于在商务场合中各个环节和专门英语表达的了解,从而培养学生在商务活动中的实际语言运用能力。教师可在教学过程中加入商务情景对话这一环节来实现以上能力的提高。

改变教学方法。商务英语是一门讲究实用性的英语课程,因此,在教学过程中一定要注意对学生学习的实践能力和创新能力以及现代职场中必不可少的团队能力和职业道德的培养。在教学过程中老师应多采用案例教学法、情景教学法等教学方法,培养学生探索问题解决问题的能力。同时可举办虚拟公司活动或商务流程活动等来帮助学生更好的内化知识、增强技能。

改革评价体系。目前以笔试为测试手段的评价体系存在诸多弊端,不能准确地测试出学生的商务英语水平的实际运用能力。因此,在评价学生专业英语水平的时候,应从多途径入手,全面且真实地考察学生的知识水平和运用能力。具体实施操作方法有以下几点。

(1)加大平时成绩占期末总成绩的比例。而平时成绩的评定主要是通过课堂讨论和在情景模拟中表现出的实际英语操作能力来确定。

(2)积极引导学生多参加与商务英语相关的等级考试,例如剑桥商务英语考试、中国国家商务英语考试等,并设立一定的奖励制度,根据考试通过率或者难易程度,给予学生适量的期末总成绩加分。通过此方法,引导学生对于学习英语的主动性,并找到学习的热情。

培养思辨能力。近年来,不少教育专家和社会企业反映,语言专业毕业生思辨能力相当薄弱,在工作中缺乏综合分析判断能力,面对问题也缺乏主见和创新意识。这与传统的中国大学英语教学方式有紧密联系。传统的英语教学方式主要是考察所谓学生"专业技能水平",却忽视了对学生素质教育与能力的培养,只注重对基础英语知识的培养,忽略了学生思维能力和独立解决问题的培养。

激发学习热情。大部分学生在大学时,对于学习目标和以后的发展道路相当的不明确,因此,教师应该在一开始就把大学要达到的目标传达给学生(考级、考研、工作、出国等方向),让学生充分明白自己的责任。同时,积极引导学生,教授学生如何阅读课外书籍、如何扩大词汇量、如何进行听力和口语练习、如何增强自己的语言表达能力、如何从多方面提高自己语言综合运用能力等,帮助学生调节自己的学习方式和学习策略,使学生学习起来事半功倍。

五、商务话语共同体的词汇建构

商务话语一般被视为经商的手段，属于机构话语。同时，又因其具有特殊的目的性，商务英语又被划入特殊目的英语的范围内。"其实人类社会发展到今天，商务话语已经在一定程度上成为衡量一个国家、地区、集体和个人发达程度的标尺"。近年来，商务话语研究发展迅速，西方学者已经开始以田野调查的方式"收集近百万词次的真实商务互动话语，分别从体裁、词语、话语标记与互动、人际语言以及话语转换等方面深入剖析商务互动话语"。相对而言，国内商务话语研究仍大多使用模拟语料，大大削减研究的准确性和可靠性，使得研究结果从根本上缺乏说服力。本书以黑龙江大学应用外语学院自建的"商务英语语料库"为基础，从最基本的词汇层面入手，探讨我国商务英语书面语的词汇使用情况，进而归纳商务话语共同体的特点，为建构商务英语专业话语做准备。

（一）商务话语共同体建构

"话语共同体是话语本身和话语分析得以成立的基础"。商务话语共同体由以商务合作为目的的人群及其使用的话语构成，同样是商务话语分析的对象和基础。

❯❯ 1. 话语共同体

"从理论溯源上着眼，现代意义上的话语共同体思想来自哲学、人类学和语言学领域的相关研究"。Hertzberg 认为，话语共同体的早期思想源于后期维特根斯坦的语言游戏说。基本思想包括：语言习得是语言游戏的主要内容之一，语言及其使用要素构成语言游戏的重要内容。由此可见，某成员要进入某个话语共同体必须要习得某种语言并达到一定熟练程度。Swales 归纳出话语共同体的 6 个区别性特征，是目前学界公认度最高的话语共同体判定标准。这 6 个特征分别是：(1)具有广泛认同的、常见的公开目的；(2)目的以书面形式写入文件，或者被成员间默认；(3)各成员之间共享相互交流机制，该机制会因话语共同体的不同而不同；(4)这种交流机制是成员之间交流信息的基本方式；(5)在交流目的的促进下，话语共同体共享并使用一种或多种体裁；(6)除共享体裁外，话语共同体还使用一些特有的词汇。在此基础上，分别从语言游戏、家族相似性、生活形式、话语权力和商谈伦理的角度对话语共同体进行理论建构，提出主体间性、话语程序性以及权力关系等因素对话语共同体建构的影响作用，并以商务话语共同体为例倡导将理论建构与实践应用相结合，开展不同类型的话语共同体研究。

▶▶ 2. 商务话语共同体

商务话语共同体是以商务活动为中心而形成的社团。以商务英语为例，使用英语为工作语言进行某项商务交流活动的群体就形成一个商务话语共同体。"商务英语指应用于商务交际活动中的英语，是商务英语话语共同体成员在实际交往过程中结合自身的主观因素和个体特征，并遵循共同体的相关规约与准则进行有效沟通时所使用的符号系统"。在该系统中，词汇特征无疑最直接、最典型。在英语中，词是最小的可独立使用的意义单位。共用某些特有词汇是判定话语共同体的微观标准。商务活动多以经济目的为目标，不仅具有共同公开目的，同时还具有各自隐藏的利益目的。因此，商务话语共同体的成员在选择体裁或词汇时要同时兼顾两种目的。为实现各自目的，商务人员会采用复杂的交际手段，如主动示好、打折让利或佯装生气等。尽管表现形式千变万化，但是这些都是从业者对话语知识和语言进行选择的结果。在全球化不断推进的今天，商务活动的重要性已经不言而喻，对商务共同体的建构性研究可以更好地展现商务实践的真实面貌，为从业人员提供语言选择的参考依据，为课堂教学提供真实可靠的语料资源，进而促进我国商务人员沟通能力的发展与提高。

(二)商务话语共同体的词汇特征分析

"语词可以承载说话人意义，而且这种意义的生成与说话人的交际意向和交际参与者的共同知识储备密切联系"。商务交际活动是目的导向性极强的话语活动，参与者的词汇选择在一定程度上可以体现其意向性和目的性。

▶▶ 1. 语料描述

Nelson 建立百万词次的商务英语语料库，收录 28 类商务文本。其中，书面语料占 56%，口语语料占 44%。该语料库由"关于商务的"和"商务实践"两类构成。其中，商务实践类语料大部分来自各公司的真实商务文件，对于研究真实语境中的商务英语特点具有重要意义。本书所用的语料库为黑龙江大学应用外语学院建设的"商务英语语料库",语料为书面语,共约一千五百万词次。语料主要以 21 世纪发生的为主,少量为 20 世纪语料。语料主要分为 4 类:商务英语学科类 (disciplinary)、商务英语实务类(professional)、商务英语语言教学类、商务英语学科与语言教学类术语。其中,根据《学科分类及代码》,商务英语专业知识范围主要涉及管理学、经济学和法学共 3 个一级学科。根据体裁类型,商务英语实务类包括会议议程表、年度报告、求职信、投标书、商务合同、电子邮件、商务信函、商业计划书、新闻稿、企划书、商务报告、公司手册、招聘广告、说明书、便签、产品手册和简历。为更好地体现语料的代表性,商务英语语言教学类子库收录部分国外引进版的商务英语类语言教材和商务类语言测试试卷。商务英语学科与语言教学类术语子库收录的主要为具有专门含义且在商务英语实践和商务英语文本中频繁出现的行业用语。

2. 词汇特征分析

Nation 和 Schmitt 通过大量实验研究指出,不借助词典且较轻松地开展阅读必须要有近百分之九十八的词汇覆盖率。这充分体现出词汇对于一个成员在进入话语共同体时的重要性。话语共同体中的特有词汇主要用于专业人士之间的交流,目的是提高效率以便达到更好的交流效果。我们对商务英语常用词汇进行分类描写,并与英国国家语料库进行对比分析后有如下发现。

（1）从整体词频上来看,of 在商务英语语料库中出现的比率明显低于 BNC,而 for 的出现比率却相对较高。可见,在商务交际中,话语共同体成员倾向于使用 for 来表示两事物之间的联系。

（2）在名词方面,商务话语共同体的区别特征非常明显。BNC 中出现频率排在前 10 位的名词依次为:time,people,way,years,work,being,year,government,world 和 man。对比可见,商务英语语料库中前 10 位名词中除 time 外均带有典型的商务和经济色彩,如 business,market 和 price 等。而 time 正是通用语料库中出现频率最高的名词,在商务英语语料库中却是第五位。由此可见,名词对于话语共同体的区分与确立具有重要的标志性作用。

（3）在动词方面,商务英语语料库中多用现在时,过去时的出现频率明显低于 BNC. 这在一定程度上表明商务文件具有时效性,其内容多为对现在和未来的约束,而少有对过去的总结。

（4）形容词与名词的情况相似，在商务英语语料库中也出现较多典型高频词汇，如 financial 等。

（5）两个语料库在副词和情态动词方面差异并不明显。

（6）在代词方面，须要指出的是第一人称代词 I 在 BNC 中是第二高频代词，而在商务英语语料库中出现在第八位，出现比例远低于除第三人称代词 she 以外的其他人称代词主格形式。回避使用第一人称单数代词体现出商务文本的客观性。本书所用的自建语料库为书面语语料库，不包含口语语料。这也是影响单数第一人称代词出现频次的因素之一。

话语共同体理论为当代话语分析研究提供理论基础，商务话语共同体研究也同样可以指导商务英语的学科建设。本书以自建的"商务英语语料库"为基础，从词汇层面入手分析商务英语书面语的词汇使用情况，尝试为建构商务英语专业话语做准备。但是，这只是初步的尝试，未来我们还可以从更多方面利用话语共同体理论、依托语料库的手段开展商务英语研究。例如，从交际目的切入，结合语篇特征和语境因素，构建商务英语体裁类型学的理论框架；通过定性和定量研究相结合的方式开展商务英语体裁中的篇章组织、语步结构和词汇语法等多界面的语言特征研究。同时，我们也希望未来能够从互文性和话语间性等方面进一步挖掘商务英语交际中的主观性表达特征。希望本书可以起到抛砖引玉的作用，引发其他学者的深入研究。

六、商务英语语言学的理论体系

（一）商务英语语言学的理论体系

商务英语通常定位为 EGP 的一个分支，区别于 EGP（普通英语），经济全球化的今天，商务英语已成为英语通用语的一部分，并逐渐发展成为商务英语通用语，从语言学的角度来说，商务英语具有双重性：

（1）外部特征，在商务语境中，专业人员与大众沟通使用的语言；

（2）内部特征，只有商务专业领域内，专业技术人员交流使用的专业话语。商务英语的本体是一种具有商务语境的语言，是既具有通用英语的语言特点和规律，又体现自身语言内核特征的语体。其语言内核的特征可以表现在专有词汇的广度与深度、句法结构、语篇、语域、语体特征以及专业知识的语境和认知规律等方面。

商务英语从通用走向专用,包含以下三个层次:

(1)通用英语语言共核,如英语的语音、普通词汇、短语和语法等;

(2)商务通用英语,通用英语在商务环境中使用时,含义不同的词汇、短语和句法结构具有商务环境中的特定含义。如坏账、繁荣、衰退、发票、股票、折扣、营业额之类的术语,只有在商务活动中才能形成特定的语言。

(3)商务专业英语,金融、交通、贸易、投资行业内专业性很强的词汇和短语,如证券、资金周转率、股东权益、升值和贬值。

商务英语语言学是从外国语言学中派生出来的一门新兴学科,其学科理论尚处于探索阶段,仍需经历一个不断发展和完善的过程。商务英语语言学就是从不同的理论语言学视角研究英语如何在国际商务中的应用,是英语语言学和国际商务学的交叉。基于这个观点,商务英语语言学可以包括以下 13 个组成部分:商务英语词汇学、商务功能语言学、商务认知语言学、商务语用学、商务话语分析、商务翻译学、跨文化商务交际学、商务社会语言学、商务对比语言学、商务语料库语言学、商务英语教育学、英语经济学、商务英语研究方法。

以商务英语语言学理论为指导,每种理论可以应用到国际商务的实际领域。例如,我们可以开展以下多个方面的应用研究:

(1)商务话语、组织、公司及管理沟通;

(2)商务口头、书面和专业沟通、类型学和文体分类;

(3)商务领域中的行业语言(银行、贸易、会计、制造、管理等);

(4)广告和市场营销语言、公共关系及销售和市场推广语言技巧(心理语言的操作方法和神经语言编程);

(5)商务语用学、商务修辞学(企业领导讲话、发言、会议和谈判,以及语言资源的运用,如激励、解决问题、头脑风暴、团队建设、选拔人才及其评价等);

(6)商务文件语言(商务函电和起草合同);

(7)在课本及学术研究、学术刊物、讲座、案例研究和培训、咨询和辅导中所使用的教学和商务、经管学术语言;

(8)商务词典编纂(商务术语和商务词汇的分类汇编);

(9)商务媒体语言;

(10)跨文化商务交际(商务英语培训以及跨国公司的语言及语言评估)。

（二）商务英语语言学的学术重点

▶▶ 1. 商务英语词汇学

商务英语词汇学属于 ESP 和英语词汇学的一个交集，ESP 理论和英语词汇学因此成为商务英语词汇学的理论基础。Leech、Goddard、Harley、Nelson 和 Koester 等一大批学者都先后遵循英语词汇学、词汇语义学和词典学这三个框架，探讨了商务英语词汇在其中所表现出的一些鲜明特点。商务英语词汇学研究包含三个重点和领域：商务英语词汇学，商务词汇语义学和商务英语词典学。商务英语词汇学包含两类词汇：

（1）普通商务英语词汇，这些词汇和普通词汇差别不大，但语义发生改变，带有商务含义；

（2）专业商务英语词汇，这类词汇是非常专业的术语，和金融、经济、管理等专业知识密切相关，如果没有专业背景知识，很难明白该术语的真正含义。

商务英语词汇学一般涵盖词汇定义、单词结构、构词方法和词汇来源四个方面。例如：

（1）古语词的使用，商务英语中出现大量的古语词，如 hereinafter（之后）、thereof（由此）、whereas（鉴于）、whereby（根据）等；

（2）词项重复现象比较普遍，为了表达准确，经常会使用同义词或近义词的重复，特别是在协议、单证、合同等法律性文件中尤其突出；

（3）外来词的应用，许多专业词汇来自拉丁语、法语和古希腊语，外来词的使用使商务英语文本更加正式；

（4）大量使用缩略词，缩略词的特点是语言简练、使用方便、信息量大；

（5）名词与介词的使用，为了使文本正式、庄重和客观，合同及其他负有责任的法律文本中通常更倾向于使用名词。

▶▶ 2. 商务功能语言学

商务功能语言学研究涉及两个方面：一方面是国际商务对英语使用的影响，偏重英语语言在国际商务中使用的各种表现；另一方面偏重英语对国际商务的影响，把语言看作影响商务的一个重要因素，甚至看成是构成国际商务的一个必备要素。语言和商务二者互生并存,是一体两面。商务功能语言学具有两个研究重点。

(1)商务语言研究,涉及商务词汇、商务言语行为实现的词汇语法方式、商务话语类型三方面。

A. 商务词汇研究关注词汇的商务意义和变体。

B. 商务言语行为研究就是研究以言行商。语言在商务活动中的使用就是商务言语行为。语言在商务活动中的使用有各种类型,即各种言语行为。例如,谈判包括若干言语行为:接受、指控、建议、回答、致歉、争论、要求、主张、抱怨、确认、指引、许诺、告知等。从这些研究中可以看出商务人士处理商务事务的特点。

C. 商务话语研究,关注商务活动目的的实现过程和方式,描述和解释话语类型的结构,例如推销性话语、面试话语、商务会议话语、商务谈判话语的话语类型结构,还关注话语的机构性、可协商性和跨文化差异性。

(2)商务语言经济功能研究。

这体现在语言的社会经济价值研究上。首先,语言是一种有价值的产品,从语言经济学和社会文化理论对语言的经济和社会价值开展研究。语言成为经济活动的一个变量。学习语言是一种经济投资,产生投资费用和投资收益。这个角度对我们认识商务语言,开展商务语言理论研究具有指导意义。从语言使用具有经济价值的出发点,我们可以建立关于语言和商务关系的理论模型,确立商务语言的特征和使用规律方面的理论。语言选择对国际贸易活动的影响和跨国公司的语言政策方面的研究是商务语言经济功能研究的另一个方面,在实际的国际贸易和跨国公司管理实践中收集资料,验证形成的理论模型,对指导国际贸易和跨国公司管理具有现实意义。

3. 商务认知语言学

商务认知语言学研究重点考察认知与商务之间的关系,人类对商务观念和活动的认知和体验,包括对复杂商务概念和活动的范畴化和隐喻化。研究的领域及重点可以包括以下五个方面。

(1)经营理念的隐喻基础,营销思维本来就是认知,思维离不开认知,隐喻影响营销观念。经营理念的转变与隐喻相关。在关系营销的时代,越来越多的市场参与者认识到了与直接竞争对手建立长期合作关系的战略重要性,这种合作或是采用战略合作伙伴的形式,或是采用合作营销联盟的形式。"战略合作伙伴"之类的隐喻改变着经营观念。

(2)企业家冒险精神的认知基础,从认知解释企业家冒险。在大多数对企业家精神的定义中,冒险精神一直被认为处于核心地位。企业家就是那些能用独特的方式整合资源使其创造盈利的人,他们会表现出与众不同的认知分类过程,从认知层面来理解企业精神的现象是一个新的研究视角。

(3)商务交际文化冲突的认知解释,因为文化冲突会使人们认识到异国和本国原来已形成的图式做法不同,引起人们重新思考过去的认识和做法,对新环境新事物产生一种深层认知的适应,从而调整图式,建立新的理解这个世界的方式。

(4)商务广告图像隐喻的多模态研究,对广告中的图像隐喻做系统描述,通过实证探索跨文化语境下观众解读广告中图像隐喻的文化价值,有助于理解广告中图像隐喻。商务广告文化含义的认知基础,消费品的重要性不仅在于它的实用性和商业价值,而且在很大程度上取决于它承载和传递文化意义的能力。商务广告隐蔽沟通的认知解释,从批评性话语分析和认知结合的角度来探讨商务广告隐蔽沟通问题。"隐蔽沟通"的概念在说明某些广告隐喻的间接隐蔽性和接受者处理和解释这些隐喻的方式时有着重要的意义。

(5)广告性别隐喻的批评认知语用研究,因为这种研究能够帮助受众提高认知效率,揭示广告商的修辞意图,号召广告信息接收者采取措施克服性别隐喻在广告英语应用时的负面社会影响。

▶▶▶ 4. 商务语用学

商务语用学以语用学为核心理论,旨在研究如何在商务语境中通过适当的方式和得体的语言使用实现交际目标,以商务语用能力和商务语境为核心概念,重点研究语用意义的表达与识别、商务语境的制约性、交际者的认知过程。商务活动中,话语、语境、交际者是商务话语的语用学研究的重心,具体为语用意义的表达与识别、商务语境的制约性、交际者的认知过程。这三个维度决定了如何进行商务语用学研究,即研究视角:语言语用、社会语用、认知语用视角,整合三个视角构成完整的理论体系。

商务活动中的个人语境分为三类知识结构:商务文化知识、商务机构知识、商务体裁知识。商务语用能力是语言产出和理解两方面的能力,包括两个方面:(1)

陈述性知识,即商务活动中的语言语用知识和社会语用知识,指通过话语进行商务交际行为(口语交际和书面语交际)的知识以及关于商务语境的知识;(2)程序性知识,即运用上述陈述性知识制定交际目标、分析商务语境、使用语言得体地实现交际目标的能力。商务语境在特点和构成上具有一般性和特殊性,既有同其他形式语境享有共同的状态、属性和变化发展的规律,也有自身独特的状态、属性和变化发展的规律。

》》 5. 商务话语分析

商务话语被视为商务语言学的研究对象和核心之一。商务话语定义是商业意识形态的语言表现,以一个开放的众多主题相关的文本形式呈现,涉及诸多商业问题。话语研究不再仅仅局限于话语中言语特征的研究,而是包括了话语中所体现出来的意识形态的模式和权力关系的研究,进而试图发现话语在建构社会群体,塑造社会文化,呈现意识形态方面的策略或是模式。商务话语的概念十分广泛,例如"经济话语""企业话语权""谈判话语"等。商务话语分析重点关注以下三个方面:(1)商务话语作为一种社会实践;(2)商务话语权力关系的建构与表达;(3)商务话语的运作机制。对话语分析涉及经济话语研究、广告话语与推销文化、媒介语言、机构话语、官僚话语等与商务话语密切相关的话语类型。

Fair对话语分析研究提出了三维框架,可以作为商务话语的分析框架:(1)口语或书面语语篇分析;(2)处理语篇产生、分布和使用的话语实践分析;(3)社会文化实践实例的话语事件分析。话语实践分析的一个重要方法是通过互文性。交互性在叙述、体裁和话语的宏观层面上揭示媒介文本是如何在不同体裁和话语的混合中构成的,并进而构成更大的话语秩序。从这个意义上来说,话语实践分析把文本分析与社会文化实践分析联系起来。

从话语分析的视角关注商务活动中语言的具体使用等问题,是商务话语分析,其主要任务是对商务活动中与商务实践密切相关的话语实践的分析,商务话语实践过程中传递了一种态度意义以及一种价值和立场,这些价值和立场进而在形成话语主体身份的同时,也在影响整个的商务实践活动。因此,商务话语的本质是一种关系的建构和身份的形塑过程。我们在讨论商务活动中语言特征与规律的同时,应关注商务语言的话语特性,即商务语言背后的意识形态以及知识样式的分布,进而挖掘在这一过程中各种主体身份的建构过程。

　　从批评分析的视角,试图把与商务活动密切相关的社会语境因素纳入研究中来,考虑商务话语实践的双方,社会距离是影响他们之间语言使用的重要因素。权力与等位关系在话语中的具体表现构成了话语对话性空间的重要尺度。这就是批评商务话语分析,它不仅关注描述话语实践,而且揭示权利和意识形态之间的关系如何决定话语的形成,以及话语对社会身份的建设性影响。

　　从体裁的视角分析话语,是又一种商务话语分析方法,研究不同用途商务话语或语篇的风格,如商务谈判话语体裁、商务报告体裁、法律合同或文件体裁等。强调共文和语境的密切关系,假设文本中的体裁选择反映出社会文化层面的选择,这种共文和语境之间的联系对于研究商务话语的体裁具有重要价值。

▶▶ 6. 商务翻译学

　　商务翻译学作为翻译学的一个分支学科,与翻译学有共享特征,又具有特殊性,研究对象更加清晰,覆盖国际商务活动中的翻译实践及其相关现象。根据Homles的翻译理论,商务翻译学包括三个重点研究领域:商务翻译描述性研究,商务翻译理论研究和商务翻译应用研究。商务翻译描述性研究描述商务翻译的需求、商务文本的翻译、译者以及译文对社会的影响等。商务翻译理论研究是在描述性成果的基础上,建立解释和预测这些商务翻译现象的普遍规律。商务翻译应用研究是对商务翻译现象的跨学科研究,包括商务翻译人才培养、机辅商务翻译和翻译管理等。商务翻译批评起到规范商务翻译行为、扩大社会经济影响力的作用。商务翻译研究下的三大分支的关系交叉辩证,其中任何一个分支都为另外两个分支提供素材和依据。根据以上商务翻译学的理论框架,商务翻译可以在以下三方面开展研究:(1)商务翻译理论研究,如商务口笔译理论和翻译批评;(2)商务翻译的规律和特点,如WTO法律经管文献翻译、商务经典翻译、中华文化对译等;(3)翻译应用,如翻译服务、本地化、翻译公司治理、翻译产品营销等。

▶▶ 7. 跨文化商务交际学

　　跨文化商务交际可以说是跨文化交际学的一个重要应用领域侧重研究在商务语境中进行文化与商务及管理。Varner更具体地描述说,跨文化商务交际"不仅仅是发生在商务环境下,而且是在交际过程中融入了商务策略、目标和实际情况,而且通过文化、交际和商务三个要素相互作用所创造出的新环境"。他指出,跨文化商务交际包含三个组成部分：商务策略、交际策略、跨文化策略，三者相互作用，形成一个动态变化的系统。商务策略包含企业文化、人力资源实践、政府法规、变化速度、企业金融健康度、企业结构、经济环境、企业竞争地位、国际化水平期望值等；交际策略包括企业交际政策、企业目标、专款数额、交际目的、受众意识、个人偏好渠道、技术背景、语言、可用技术、个人目标、话语团体等；跨文化策略包括民族种族、阶级角色、性别、高/低语境、承担风险意愿、文化敏感度、时间观念、对不确定因素的态度、礼仪与地位、个人角色。

8. 商务社会语言学

商务社会语言学的提法是建立在语言的社会经济本质、商务语言活动对于社会生活的巨大影响力基础之上的。商务社会语言学运用宏观社会语言学框架下的理论、概念、方法，研究商务社会各个层面的语言现象和语言问题，从"商务语言"的微观视角和"语言商务"的宏观视角看待商务英语作为一种社会语言学现象，讨论与语言相关的多维商务社会范畴，包括身份、权势、意识形态、语言态度、性别、语言政策、人际关系等。

这两种视角相互补充，为深入研究商务英语社会语言学提供了有效的方法论。商务语言的微观视角探讨经济全球化对于商务语言的影响，具体表现在英语地位和提法的改变，民族语言地位、语码转换、语码混用等现象，讨论各种口语、书面语、包括电子商务语体和多模态语言景观。语言商务的宏观视角探讨商务语言构筑的社会事实，突出语言与社会的互构，包括权力与身份、语言规划、商品化和人际关系等。商务社会语言学运用社会语言学的主要研究方法，如变异社会语言学、人类学、交际社会语言学、跨文化交际、对话分析、批评话语分析。同一个问题可以从不同研究路径入手，也可以综合运用多种研究路径和方法来研究一个问题。

第五章　英语教学与商务实践体系的构想

随着教育行业的不断进步与发展,商务英语作为一门特殊的语言在国际贸易中得到了有效推广和运用。社会在日益进步的同时对商务英语类人才的需求也在不断上涨,因此,大部分高校都设有商务英语专业。在当时教育发展趋势下教育竞争越来越激烈,只有加大教学体系建设,提高商务英语教学质量才能在市场竞争中取得一定的优势地位。但是我国在商务英语专业教学实践中教学设施还不够完善,影响了学生的实践操作能力,如何创新完善英语教学体系是当前商务英语实践教学中面临的重要问题,教育部门及教师要从不同的角度分析研究问题,制定出合理的英语教学体系,有利于提升商务英语教学质量。本章对商务英语创新教学体系建设存在的突出问题进行了简要分析,并对具体实践策略展开了深入探究,对其他高校的商务英语专业实践教学提供了详细的数据参考。

第一节　创新人才培养模式

商务英语专业与其他专业相比存在着明显的不同之处,商务英语主要适用于商务场合中,人们在参与交流过程中实现商业目的,商务英语实践教学受社会文化的影响,因此,在实践使用过程中,要有针对性地选择英语词汇和相关语法,在简历活动中主要以口头表述和书面的形式为主。商务英语是一门专业性比较强的学科,为学生以后的就业发展奠定了强有力的基础条件,有利于培养综合性、全面型英语人才。

因此,在商务英语教学过程中,既要注重学生语言表达能力的培养,又要加强商务知识技能训练,为学生提供一个良好的实践平台,让学生在课程学习过程中敢于表达交流,不断突破自己。英语教师要根据学生的实际掌握情况创新完善英语教学体系,明确商务英语教学目标,适当的转变教学模式,从而培养学生的英语写作能力和综合运用能力。构建创新英语教学体系要将商务英语知识要点与实际情况有效结合,营造一个良好的课堂教学氛围,有利于激发学生学习英语的兴趣爱好,这对培养商务英语专业人才有着重要影响。教师及时了解商务英语实际运用形式,并结合日常情况展开分析探究,不断创新商务英语教学体系,能够提高学生的综合素养。

一、商务英语创新教学体系的探索与实践

(一)商务英语创新教学体系存在的问题

▶▶ 1. 英语教材设置缺乏实践性

商务英语教材内容设置主要包括影响软件和指导书,但是缺乏实践性。商务英语知识学习是一个不断总结与积累的发展过程,英语教材的种类具有多样性,大多数内容以理论知识为主,而用于教学实践探究的内容设计相对较少。由此导致学生不能全面地掌握商务英语知识,教师只是简单地从网络上下载一些资料进行知识引导,学生则处于被动的听课状态,缺乏实践性和系统性,久而久之学生就产生了厌烦的学习心理,给自身的学习和发展都带来了负面影响。

▶▶ 2. 教学硬件设施不够完善

由于我国英语教学设备还不够完善,没有充足的英语教学实践场地,现有的英语教学设备的数量比较有限,质量问题达不到规定的标准,阻碍了商务英语课程教学实践的顺利开展。而对于校外的实践教学基地,大多数学校都没有长期合作的企业机构,过于注重实践教学形式,忽视了英语教学质量的重要性,很难实现英语实践创新教学的真正目的。

▶▶ 3. 教师教学经验不够丰富

英语教师是商务英语教学实践的领导者和组织者,教师提前做好课前准备工作,设计合理的实践教学方案,是确保英语实践教学顺利开展的重要保障。商务英语教学主要以培养学生的操作实践能力为主,但是教师的教学经验还不够丰富,必须加大实践探究力度,不断健全英语实践教学体系。商务英语专业成立时间相对较短,教师专业技能还不够专业,只是简单地引导学生进行英语语言表达,缺乏扎实的理论基础,没有相关的商务知识和实际工作经验进行实践教学引导,很难达到英语教学效果。

（二）商务英语专业创新教学体系的实践策略

▶▶ 1. 开发创新英语实践教学教材评价体系

商务英语创新教学体系的建设需要从实际情况出发制定教材核心内容，科学地规划英语实践教学内容，明确教学理念，有利于激发学生学习英语的积极性和主动性，为以后的商务英语实践活动奠定了基础条件。根据商务英语专业课程的教学要求选取相对应的教学方法，可以采用情境模拟教学法和参与式教学等进行知识讲解，让学生置身于具体的商务情境中，最大限度地调动他们学习的积极性。比如说在进行商务会议研讨时，应该合理规划布置交流场景，并合理划分角色，争取让每个学生能够参与到实践教学中去，有利于培养学生的实践操作能力。同时，应该建立科学有效的实践教学评价体系，教师要定期对学生的实践操作能力进行科学的评价和总结，帮助学生及时发现自身的不足之处，并进行分析改正。在商务英语实践教学过程中，教师要随时对学生的表现情况进行详细记录，及时纠正学生的问题所在，在实践学习结束后，要根据学生的实践操作能力和综合运用能力做出相应的评价，以此激励每个学生参与到商务英语实践教学中。

▶▶ 2. 不断优化更新实践教学硬件设施

校内实践教学和校外实践教学都是不容忽略的，有效拓展校外实践教学活动有利于开阔学生的视野范围，不断优化更新实践教学硬件设施是创新实践体系的基本前提条件。学校商务英语教学要将实践内容与实际情况相互结合，能够帮助学生将英语理论知识运用到现实的实践操作中去，从而提高学生的英语技能水平。

所以，有效拓展英语实践教学基地是非常关键的，学校在与企业机构合作过程中要明确商务英语实践教学的主要内容，不断地锻炼学生的商务应用能力，在企业中进行实践教学活动，让学生提前感受商务英语工作环境与需要掌握的重难点内容，使学生能够熟悉掌握相关业务流程，并掌握相应的管理内容，从而提高学生的专业能力。为了进一步提高学生的实践效果，需要建立相对稳定的校外实践基地，让学生主动地融入活动中来，是保障实践环节质量的重要环节。通过实习实训学生能够较快地掌握商务英语学习流程，能够把学到的商务知识运用到实际的商务活动中去,真实实现了商务英语实践教学的探究和创新。

▶▶ 3. 提高英语教师的专业素养

在商务英语教学实践体系构建过程中,教师专业水平的高低对英语实践教学质量有着重要影响,因此,教育部门要定期对商务英语教师展开专业知识培训,不断培训老师的实践教学技能,让英语教师深入到教学实践中去,对学生掌握英语知识起到引导作用。在英语老师任职期间,可以多接触一些国际贸易活动,不断积累工作经验,有利于提升商务英语教师的技能水平。同时,高专学校也可以聘请一些工作经验比较丰富的教师进行实践活动引导,高专学校通过内部培训教师、外面聘用专业从业人员的方式,使得英语教师呈现出多元化,能够有效满足商务英语实践教学的根本需求。

总而言之,商务英语实践教学体系的构建是当前教育发展形势下教学的关键,创新实践教学体系需要进行深入探究分析,根据市场的发展需求培训出实践能力比较强的专业型人才,能够实现英语教育的根本目的。我们要始终以就业为导向,创新研究出新的教学手段,建立具有特色的商务英语教学体系,从本质问题抓起创新制定出合理有效的教学方案,有利于推动教育行业的进步,从而带动经济水平的稳定提升。

二、商务英语专业模拟实践教学体系探究

(一)商务英语模拟实践教学体系

近几年,院校对学生职业能力的重视程度愈加提高,积极开展实践教学、校内实训来提升学生的职业实践能力,广大教师也努力在课堂上开展更多的让学生实践和锻炼的活动。调查得知,外贸类专业实训教学仍然存在着系统性缺乏、职业针对性不强以及实训过程控制乏力、职业能力培养不够等问题。

▶▶ 1. 系统性缺乏

相当一部分实训活动是结合相对独立的课程进行的,先天上就存在内容零散的问题,虽在一定程度上起到了作用,但缺点在于"只见树木,不见森林",缺乏系

统性。由此学生也无法在一个连贯、有序的实训环境中锻炼职业能力。

▶▶ **2. 针对性不强**

实训活动职业针对性不强,实训任务与职业能力培养联系不紧密,甚至部分实训活动陷入了追求场面上的热闹而对学生未来职业能力发展没有实际帮助的误区。

▶▶ **3. 实训过程控制乏力**

鉴于自身的利益诉求,实习企业提供的实习岗位以临时性、打杂性质的体力活为主,有关操作技术、运作方法等与专业学习结合更紧密的工作,因为商业机密、成本等问题往往较少涉及。而实习企业在校企合作过程中提供实习岗位的无偿性,更是校企合作中的一个重要制约因素,基于企业的无偿奉献,校方往往无法自主按照教学计划控制实习、实训过程。

▶▶ **4. 职业能力培养不够重视岗位技能培养**

边缘化职业能力培养主要表现在对"五个对接"的解读和践行存在片面性,过于追求与岗位的"无缝对接",而忽视了教育的目标定位及学生终身教育思想的落实,导致学生作为"操作工"顺利就业,但后续的职业转换、提升等可持续发展乏力。现行实践教学体系存在的问题导致国际商务类毕业生职业能力存在一些问题,如出口贸易操作能力尤其是包括信用证在内的一系列单证流程知识技能比较薄弱;商务英语的沟通和表达等交际技能比较薄弱;商务环境下的应变能力和解决问题的能力缺乏;岗位适应能力弱,成长缓慢等,分析可见外贸类专业人才的职业能力现状,与外贸行业看重的求职者的职业能力要求存在很大差距。

(二)企业对从业人员的职业能力要求

从多方调查来看,企业看重的是求职者良好的职业能力,而不仅仅是一定的岗位操作技能,更不是单纯的知识素质。目前外贸领域对求职者的职业能力要求如下。

▶▶ **1. 专业能力**

(1)出口贸易操作能力:包括产品认知、海外客户开发、成本核算与控制、商务接洽、缮制及签订合同、付款操作、落实合同、物流操作、制单结汇、业务善后等；(2)商务英语语言应用能力：指在商务环境下，熟练运用英语进行沟通、表达和交际的能力。

2. 职业通用能力

（1）学习技能：独立建构解决问题所需的知识、方法及资源体系的能力，开发学生的原创性和实现自我意识的技能，实现能力不断成长、获取职业可持续发展；(2)信息获取、分析和处理能力：可以帮助学生认真地分析理论和概念，应用解决问题的技巧，进行独立的研究，做出独立的判断；(3)沟通和表达能力：善于用文字和语言与客户或其他单位进行接洽和沟通的能力；(4)团队协作组织能力：具备良好的团队精神，能处理好与上级、同事和下级的关系，善于调配组织所有有利资源，使各相关部门和人员，能积极配合完成客户订单；(5)法律思维能力：了解合同法、票据法、经济法等与外贸有关的法律知识，做到知法、守法、懂法、用法。另外，职业能力还有人际关系拓展能力、环境适应能力、逻辑思维能力、应变以及危机处理能力、计算机及相关办公软件的应用能力、审美能力等。

（三）商务英语模拟实践教学体系

1. 转变人才培养理念

教育追求"职业对接"，不要追求岗位"无缝对接"。"职业对接"是指与外贸类职业"平稳接轨"，而不是指与工作岗位的"无缝对接"。它是根据职业分析、基于外贸工作实际、培养学生具备做好实践工作所必需的专业能力和职业通用能力，使学生在就业中获得竞争优势，顺利就业并能快速融入新环境，有效开展工作。它是一个内涵比"无缝式岗位对接"更为广泛的概念，既强调了岗位技能接轨这个特点，又考虑到行业内职业转换及提升的问题，更加符合学生职业成长的轨迹，也更能体现出院校与中职学校特别是技术学校不同的人才培养目标。所谓"无缝对接"，实际上是一种彻底的岗前培训式的教学思维和培养模式，它追求培养学生的岗位操作技能与企业实际岗位的操作方式完全一致。这种教学思维在促进学生顺利就业方面、提升院校就业率方面，确实比"平稳接轨"式的"职业对接"要显得更加有效，但是因其培养的学生存在"岗位技能有余，而知识、思想和态度等职业总体能力不足"的问题,导致学生职业生涯后续发展乏力。

▶▶ 2.重设实践教学目标

实践教学目标体系的构建是实践教学体系构建的前提和基础。构建一个科学的实践教学目标体系,需要考虑众多的因素和遵循一定的科学依据。

(1)要立足区域经济社会发展需求。教育的重要任务之一就是为区域经济社会发展服务,因此院校人才培养问题,必然受到区域内社会政治、经济、科技、文化等制约,同时又能促进区域社会政治、经济、科技、文化发展。因此,外贸类人才的培养应该立足社会需求,以社会、市场和就业为导向,合理确定人才培养目标。

(2)要立足专业培养目标。根据具体的专业培养目标、人才培养规格和专业技能规范的要求,坚持以实践能力培养为核心,突出学生的动手能力和技能训练,着眼于提高学生的就业能力、创业能力和创新能力,培养具有时代特色、符合社会需求、满足用人单位需求的应用型人才。

(3)要遵循教育的发展规律。教育的发展有其自身规律,人才培养目标在以市场需求为导向时,要注重行业的长期发展趋势,不能以短期的市场行为为导向,确定人才培养目标。

(4)要重视人才职业生涯的可持续发展问题。培养人才自我成长的能力,有效解决毕业生在职业生涯中可持续发展乏力问题。"能力成长"包含两个层面:一是指在模拟实训教学过程中,在层层递进式的能力培养模式下,学生的职业能力呈现递进式成长;二是指培养学生的能力成长意识,特别是培养学生具备独立地解决问题的方法、建构知识体系的能力,从而在后续的职业生涯中得到职业能力的不断成长,形成可持续发展的优势。

▶▶ 3.构建模块化教学内容

院校经过科学的市场调研,进行职业分析,确定外贸行业从业人员职业能力需求和外贸业务工作流程,根据学校实际条件、专业发展现状和学生的发展需要,设置相应的流程模块,并对每个模块的目标能力分层次、分阶段进行培养,四个层次之间相互衔接、融合,过程重视实践,由浅入深,让学生逐步深入地掌握每个流程模块的职业能力,职业化、综合化程度逐步加深。

从职业分析入手,院校设计出基于工作过程的 12 个外贸业务工作过程模块,并针对每个模块构建出与之对应的两个岗位板块（职业核心岗位板块和职业拓展岗位板块，职业拓展岗位是针对每个职业核心岗位进行的相关性岗位拓展），然后构建出与岗位板块相对应的"驱动型模块工作任务"，接下来再结合模块工作任务，设计出对应的三个不同层次的实训任务和一系列专项模拟活动，以此对各项实践能力进行定位明确的训练。院校为保证教学目标的实现，需要结合学生的认知习惯，对教学方法、教学手段和教学内容等进行系统优化和创新，针对每个模块，形成与之协调配套的完整的教学内容体系，包括实训教学理念、实训教学目标、实训教学方法、实训教学内容、实训教学手段及相关的活动方案库、商务场景库、游戏库和案例库、职业能力考核评估方案体系等。

▶▶▶ 4. 搭建教学平台体系

在构建模块化实训教学内容的基础上，院校构建"职业对接、能力成长型"的国际商务模拟实训教学体系。整个模拟实训教学体系在纵向上和横向上互相联系，形成纵横一体化体系，分阶段按照"3＋1"递进式推进实施。

（1）第一课堂和第二课堂相结合的国际商务模拟平台。其培养学生处理问题的思路和职业精神等基础素质，了解职业岗位任务所要求具备的知识、技巧、方法等。（2）第一课堂情境模拟教学平台。其培养学生将掌握的知识、方法、技巧等应用于较简单的工作情境，具备一定的解决商务问题的思路和能力。（3）实训室模拟实训。其系统化的商务模拟使学生的知识、技能等向更进一步的职业能力方向靠拢，并使职业能力开始向综合化方向发展。（4）综合型国际商务模拟实训活动。开展综合型商务模拟实践活动，如"模拟广交会""模拟商业街"和"对抗性模拟商务谈判大赛"等，培养学生的职业能力向综合型方向发展，使教师能够借此机会检验学生的职业能力培养效果，实现对教学效果的有效控制，同时有助于对教学内容体系进行进一步的开发和更新。

职业能力是企业选人、用人的重要标准，是从业者职场制胜的法宝，也是院校的重要教学目标。国际商务模拟实训模块化实践教学体系可以有效解决毕业生初入职场时"理论有余，能力不足"及后继的"职业生涯可持续发展乏力"的问题，帮助学生基于人职匹配理性地选择适当的岗位，同时有力提升学生的就业竞争力，使学生能快速融入职场环境，实现与企业岗位的平稳接轨，并在职业生涯的发展中形成可持续发展的优势。

三、商务英语实践教学体系中的跨境电商

电子商务平台是在全球的范围内进行商务贸易的交易平台,具有全球化的发展趋势,经济全球化的发展,为商务贸易的跨境发展提供了必要条件。跨境贸易已经逐渐成为各国经济贸易中的重要内容,电子商务平台成为跨境贸易的优势平台,跨境贸易的顺利运行需要相关专业人才,离不开专业的高素质商务英语人才,这就要求国家重视对商务英语人才的培养并给予政策支持,促进高校对商务英语教学改革,培养现代化商务英语高素质人才。

(一)商务英语教学现状

▶▶ 1. 教学方案设计不合理

电子商务的发展得益于互联网技术的进步,时代的发展决定着社会对人才要求不断提高,人才的全面发展是跨境电子商务背景下对学校人才培养的要求。高校在制定学生培养方案时应该注重培养全面发展的综合型人才,特别是商务英语教学方案直接决定了电商人才的专业能力。

商务英语教学不仅需要注重学生的英语语言运用能力,也需要对学生的商务英语能力进行加强,将学生的语言能力和商务能力有效结合起来,是商务英语教学主要目标。在各个高校的商务英语教学却是以学生对商务英语的理论知识的学习,在基本的商务课程教学中忽视了学生综合商务能力的培养,缺乏实践性教育就会导致学生们对商务英语知识无法得到充分的应用,课堂中简单的商务活动模拟对学生系统性学习产生不利影响,无法使学生掌握全面的商务英语知识,导致毕业生所具备的专业知识达不到企业对商务英语专业人员的素质需要。

▶▶ 2. 教学模式单一

许多高校在进行商务英语教学时采取教师备课教学,在课堂教学中大多以商务英语的课本编写的理论知识内容为主,在学生口语、听力方面的练习中,大多数教师会以视频教学为主,让学生观看商务英语相关视频。当前商务英语教学实践内容以视听教学为主,实践教学中学生无法直接参与,使得学生实践积极性受到

打击,只能被动接受视频教学所传达的商务英语实践方面的知识内容。只有真实的商务场景才能检测学生的学习成果,而许多高校没有实施条件,造成师生以及学生之间的互动难度大,从而影响商务英语的教学质量。

3. 缺乏专业教师

教师团队往往是促进教学取得成效的重要因素,是学校的教学质量重要支撑。大多数学校的商务英语教学的教师是英语专业毕业的,具有专业的英语方面的知识,也具备相当的外国文化知识。但是仅仅具备英语知识基础而缺乏相关的国际经济贸易知识,缺乏对电子商务领域专业知识的了解,为学生学习商务英语具有一定的局限。商务英语属于综合性比较强的学科,要求教师具备良好的英语语言运用能力和相关贸易知识,更重要的是电子商务贸易平台已经成为国际贸易的重要内容,所以加强教师的综合素养,是提升学生商务英语运用能力的重要保障。

4. 教学中缺乏实践项目

由于学校对商务英语教学体系的设置相对简单,主要对学生进行理论知识教育,所以大多数的课程设置以课堂教学为主,导致学生对商务英语的认知局限在课堂教学内容中,缺乏将理论内容进行实践的操作项目。尽管有些学校为了适应现代化教育发展,开设相关的商务英语贸易平台操作课程,但是由于学生人数众多,教师对学生的管理不到位,促使许多学生很少有机会进入平台进行真正的电商操作。因此,学生的专业教育并明显,造成学生所学专业就业前景不明朗,学生们的专业技能薄弱。跨境电商是近年来产生的,它在高校的教学实践中仍不成熟,关于其专业内容的教学设计需要不断完善,否则,其目前的教学水平无法提升学生的实际跨境贸易的能力。

(二)商务英语实践教学改革策略

加强教师团队建设,提升教师素养,由于互联网是新兴发展的事物,电子商务是在互联网发展的基础上产生的,所以目前具备专业的英语语言基础和商务实践相结合的教师是非常少的。社会发展步伐不断加快,国际贸易往来逐渐增加,甚至成为促进国民经济增长的重要内容,因此社会对具备商务英语专业知识的人才的需求不断增多,对高校人才培养提出了更高的要求。只有提高教学质量,促进高校对知识和实践兼备的学生培养,才能促进高校适应社会发展。

首先,加强对教师团队建设的关注,对商务英语教师提出更高的要求,通过对教师进行专业知识培训以及专业技能培训,提高教师的实践和知识运用的能力。其次,学校在促进教师实践能力提升时可以加强和专业的电商企业合作,促进学习和企业的联系,将教师的专业知识运用到企业经营管理中加强其权威性,也将企业的实践内容应用到教学中,以教师自身经验组合成实践教学内容,增加学生实践案例学习的机会。最后,学校为教师提供继续学习的机会,促使教师多学习商务方面的知识,提升教师的实践能力,建立高素质教师团队。

完善商务英语教学模式,商务英语教学是新近发展的学科,教学模式和教学内容等方面都还很不完善,商务英语教学改革是具有必要性的,跨境商务英语贸易不断增加,商务英语专业人才显得愈发重要,对人才自身的素质要求也逐渐提高。高校在商务英语专业学生培养中将商务贸易知识和专业英语知识进行有效结合,注重培养英语和商务实践综合发展的人才,而传统的商务英语教学模式具有很大的弊端,无法适应社会对商务英语人才的要求。传统教学模式下的重理论轻实践的教学模式在现代化发展下需要做出改变。首先,将当前的实际教学情况和企业对商务英语的实践技能要求,在提高学生们英语语言能力学习时加强商务实践能力。其次,在日常的教学中开展商务实践教学,使学生掌握商务贸易和营销方面的知识,促使学生将理论知识运用到实践贸易中。最后,学校加强教学改革,注重学生贸易平台的建设,为学生提供实践机会,促进学生实践技能提升。

设计合理教学方案,确立教学目标,目前商务英语教学目标是将理论和实践结合起来教学,培养综合型的商务英语人才,商务英语教学改革需要遵循局部向全面的方向循序渐进。将知识点整合,促进商务英语学习更加系统化,同时坚持将理论知识的虚席运用到实践教学中,商务教学的最终目标就是将学生在校期间学到的商务英语知识运用到实践工作中。合理教学的实施离不开以教学目标为基础教学方案的确定,深化教学理念的同时确定适合学生发展的教学方案。让学生通过理论教学与实践,保证教学的有效性和实用性,促进学生全方面发展。

加强校企合作,提升教学质量,学校对商务英语人才的培养力量还不强大,在学校师资团队不够完善的情况下,催生了一系列校企合作运行机制的建立,而为了促进高素质商务英语人才的培养,高校有必要和企业进行合作。校企合作不仅可以使企业在学校开办专业讲座,让企业专业人员对学生进行专业知识实践讲座。而企业人员也会给学校专业教学提供最新的行业动态,影响教师的教学观念和教学内容设置。同时也为学生进入企业实习提供了便捷途径,将教学内容应用到企业日常工作中,促进学生专业知识的主动运用,也增加学生的就业机会,同时也巩固了校企合作运行机制,为高素质人才培养提供有效的途径,加强学校和企业之间的联系。

充分利用互联网平台,当前互联网技术的发展不仅使人们的工作和生活离不开互联网的辅助,同时学习也需要借助互联网平台,使学生能够便捷高效学习新的知识内容。课堂教学的模式已经不适应当今教学环境,以课堂教学模式无法培养出跨境电商要求的综合人才。传统式商务英语教学模式下,教师讲解,学生做笔记,对知识死记硬背,属于灌输式教学,学生总是被动学习,对于课堂所学往往没有消化吸收。因此,在教学过程中可以借助互联网平台,将课内知识生动形象呈现在学生面前,同时将课外知识以动画视频形式加深学生的理解记忆。互联网教学平台教育不仅能使课堂学习生动化,还能对教学内容进行补充,增强学生学习的主观能动性,引导学生对新的知识内容的学习,将商务英语的学习作为一种兴趣。

四、本科院校商务英语专业实践教学体系

(一)商务英语专业国家标准的新要求

2017年底,教育部高等学校英语专业教学指导委员会发布了《高等学校商务英语专业本科教学质量国家标准》(下文简称《商英国标》),明确了商英的专业定位、人才培养目标、课程体系构建与师资队伍建设等方面的要求。从此,商务英语专业的建设和发展就有了政策依据和指导性纲领,人才培养质量也有了规范和保证。《商英国标》尤其强调了实践的重要性,明确指出实践环节应包括实训、实践和实习,占总学分的 10%～25%,不包括教育部规定的社会实践学分,由专业教师和行业专家共同指导完成。对应用型本科院校而言,实践教学尤为关键,它是应用型人才培养成功与否的决定性因素。因此,实践教学不仅要切实执行,而且要形成一个完善的教学体系,更好地实现应用型人才培养的目标。

(二)国内商务英语实践教学现状

商务英语本科专业正处于兴起发展阶段,实践教学体系并不成熟,各高校尤其是本科院校的实践机制还处在起步阶段。因此,相对于比较成熟的商务英语实践教学体系,本科商务英语实践教学主要存在以下问题。

(1)课内实践流于形式,本科商务英语专业的实践分为课内实践和课外实践,一般来说课外实践要单独开设,为期一周或更多,每学期进行一次。占实践教学比重较重的是课内实践环节,一般占该课程总学时的一半左右。但现实情况是,受传统英语语言文学专业教学的影响,部分教师认为实践教学不好组织,所以在实践课上进行理论课程教学,实践环节流于形式。

(2)课外实践非企业教师指导,为期一周的课外实践或专业实践若要达到教学效果,最好是邀请企业专家或有企业经验的教师进行指导。然而由于费用等原因,许多高校的专业实践都是由理论教师授课,达不到实践效果。

(3)实践教学内容单一,虽已有课内实践,但实际上学生真正实践操作的机会并不多,实践项目主题不明确,团队或独立实践环节较少。

(三)本科院校商英专业实践教学体系的构建

根据《商英国标》对商英专业实践教学的要求,应用型本科院校可从以下几个方面着手,构建完善的实践教学体系。

▶▶ 1. 明确商务英语实践教学目标

目标是基础,是实践教学的指南针。《商英国标》指出,商务英语专业旨在培养具有扎实的英语基本功,熟悉国际商务、经济学、管理学、法学等相关基础理论与知识,具有国际视野和人文素养,具备英语应用能力、商务实践能力、跨文化交流能力、思辨与创新能力、自主学习能力,能够从事国际商务工作的复合型、应用型人才。根据《商英国标》的表述,我们可以在实际教学中确立商务英语专业的实践教学目标,即:整合校企合作资源,发挥学校专业特色,结合分散课内实训与集中专业实践,全面培养学生的商务英语语言能力、商务实践能力、跨文化交流能力、思辨创新能力、人文素养和解决商务难题的能力。

》》》2. 丰富商务英语实践教学内容

商务英语专业课外实践可以涵盖以下几个方面：(1)商务技能训练，如商务谈判模拟训练、电子商务模拟训练；(2)商务语言技能训练，如商务英语口译模拟训练、跨文化交际能力训练、人文素养的培养以及综合能力的训练；(3)专业实习，分派学生到校企合作企业实习。这些课外实践训练将在本科四年内完成，可以采取分散进行或独立集中相结合的方式，为期一周或两周，逐步推进。要注意的是，此类课外实践环节最好由校外企业老师指导完成。

商务英语课内实践大都分散进行，每门课程每学期的理论和实践学时应五五分成，如周课时四节的课程，前两节可为理论教学，后两节就为实践教学。教师在指导实践时，一定要注意增加学生的"动手"学时，设置与课题相关的项目，或小组进行公司陈述，或团队协作召开公司会议，解决业务难题，充分发挥学生的主观能动性，教会学生如何做，训练学生养成数据收集—案例分析—策略实施—贸易实践的商务实践能力。这样在教学目标完成的同时，才能够提升学生的思辨与创新能力。

五、本科商务英语专业实践教学体系的建构

根据教育部高等学校英语专业教学指导分委员会商务英语专业教学协作组制订的《高等学校商务英语专业本科教学质量国家标准》(以下简称《商英国标》)：商务英语具有跨学科特点，是商务英语与商务知识有机复合而成的英语专业人才培养模式。该专业旨在培养能熟练使用英语从事国际商务工作的国际化、复合型、应用型的商务英语专业人才。作为一个新专业，新建本科院校在商务英语本科办学过程中面临的首要问题就是如何通过"商务"和"英语"的有机结合来培养出《商英国标》要求下的宽口径、国际化、复合型、应用型人才。

商务英语教学既有"大学学术教育"的内容，也有"职业教育"的成分。语言使用是和实践共生的，所以，商务英语语言学习和商务实践能力训练相辅相成、互相促进。由此可见，商务英语专业的两重性决定其专业实践教学活动要能够实现"商务"和"英语"的有机结合，使学生不但具有较强的英语交际能力，而且能熟练掌握国际商务操作技能。

（一）本科商务英语专业实践教学存在的问题

▶▶ 1. 商务英语教学模式和理念落后

商务英语教学目标是培养学生在国际商务活动中熟练使用英语语言进行商务实践的能力。然而很多一线教学管理人员和教师并没有真正意识到商务英语教学的实践性，他们仍然在用传统的"填鸭式"课堂教学，主要以教师为中心进行单向输出，而且只重视语言和简单商务基础知识的讲解，例如以案例的翻译，词汇和语法的讲解为主，缺少专业知识的融入和相应的实践教学，师生交流与互动甚少。有的老师所讲解的知识和练习已经完全不符合时代要求，很难在学生未来的职业实践中进行应用。这种教学方式无法为学生提供一个充分发挥主观能动性的平台，无法为学生创造一个既够自主学习又能互动交流的学习环境和教学氛围，由此导致学生学习效率低下，因此也就无法实现该课程强调理论与实践并重，培养应用型人才的目标。

▶▶ 2. 商务英语师资队伍专业素质不高

商务英语实践教学对商务英语教师的专业素养要求很高。商务英语教师要同时具备扎实语言基础知识与应用能力，还要具备扎实国际商务知识和商务实践操作能力。但是目前全国的商务英语专业师资差异较大，一些经贸外国语大学的商务英语教师基本上由商务背景的英语教师主讲商务英语和商务实践类课程，他们的教学效果以及人才培养的质量也较高。而国内大多数高校的商务英语专业教师出身于英语语言文学专业，很少具备商务知识学习或实践背景，致使他们的教学只重视英语知识而忽略商务知识和实践的讲解。所以，师资队伍建设仍然是商务英语实践教学中面临的一个重要问题。

▶▶ 3. 校内外商务英语实践教学基地数量不足

实践教学是考量应用型本科商务英语教学质量的重要环节，而实践基地正是实践教学必须具备的硬件条件。受传统教育思想影响，各个应用型本科高校对商务英语实训实践基地的建设往往重视不够、投资不足，而且缺乏系列化的实验室，不能形成与人才培养方案相衔接和契合的体系。很多学校为了专业评估需要，校内设立很多商务英语实验室、校外也有足够多的实习基地,但是这些基地只是流于形式,用于摆设,并没有充分有效利用,根本达不到锻炼学生商务实践能力的效果。

同时,作为新开设的专业,商务英语专业实践教学考核标准尚需完善,目前的考核体系无法切实调动学生的兴趣。受办学条件及地域经济发展条件限制,商务英语校内实训中心设施落后,校外实训基地贫乏现象普遍存在。实践教学中有的实训目的模糊,实训项目和实训内容抽象、实训方式只是一些简单软件操作,比较枯燥,导致实训效果不如意。实训和实践过程中对学生的团队合作精神、解决实际问题能力和创新能力培养都没有作为考核标准进行科学量化,使得学生的实践能力并没有得到真正的拓展和提高。学生对自己的英语语言沟通能力和商务能力水平如何也无从得知,所以,从根本上没有改善和提高学生的语言和商务实践能力。如果是出于应付专业评估或其他目的,与一些厂商或公司象征性地签署空头协议,实习实训课也是形式和摆设,敷衍了事,这样的后果只能是培养了一大批只能谈理论不具备实践能力的"非应用型"毕业生,而不是培养"接地气的应用型人才",背离了地方应用型本科的人才培养目标。所以,商务英语实践教学模式亟待广大应用性本科院校改进。

(二)商务英语实践教学体系

加强和提高"案例教学法"和"任务教学法"的运用,商务英语实践教学没有固定教学模式或方法,但是其目标是培养应用型人才,即学生的实用能力,所以但凡有利于培养学生实用技能的教学方法都可以用于实际教学当中,如案例教学法、任务教学法、支架教学法、抛锚式教学法、整体教学法等等。"案例教学法"主要通过案例描述案例,教师引导学生对案例进行分析、讨论和总结。教师的主要作用就是引导和协调,并对每一个学习任务创造合适的学习环境,建构师生和生生之间高效的学习关系,从而缩短理论学习与真实环境之间的差距,使学生在案例分析的过程中加强对理论的理解,最终实现使他们走出校园后尽快融入社会的目的,所以案例教学法非常适合商务英语教学的需要。

"任务教学法"的核心是"以学习者为中心"和"以人为本",教师根据教学内容布置任务,学生执行任务,师生总结任务,三个环节可以实现学习目标,提高学生分析和解决问题能力。任务型教学法同案例教学法一样,具有很强的真实性和交际性,有利于同时提高学生的语言理论学习和商务实践学习。这两种教学法都以学生为中心,突出学生在实践教学中的主体地位,两种教学方法的灵活性很强,可适用于多门课程,其共同优点在于注重实践教学,能将语言学习与商务实践教学结合起来,契合商务英语教学的实践性要求。

加强师资队伍建设,商务英语本科专业复合型人才的培养目标对当下商务英语教师提出了新的要求。一名合格的复合型商务英语教师应具有"英语+商务知识+综合能力"的素质。除了传统的英语听说读写基础知识外,商务英语教师还要具备教学、研究、实践、合作等综合能力。这种复合型素质决定了商务英语教师专业发展的特殊性。三明学院外国语学院为商务英语教师的进修和学习创造了相对良好的条件。

首先,鼓励有丰富理论知识而缺乏商务实践的老师们积极"走出去",去企业一线进行实践进而扩展商务英语老师的商科背景知识,捕捉实践发展趋势,从而有利于对实践教学知识进行疏通整理。其次,外语学院也鼓励商务英语老师到国内重点院校或国外学校进行深造,在进修商务知识的同时加固语言功底,并学习先进的教学理念。最后,外语学院也积极实施"请进来"战略,引进具备"复合型"素质的教师,也可以聘请社会实践领域内有较强实践操作能力的权威专业或"业界导师"做兼职老师。他们将成为商务英语教师队伍中的新鲜血液,补充商务英语实践教学中的薄弱环节,加强实践,最终促进建立一支结构合理、科学高效的"复合型"教师队伍。

开展校内实训、实践和校外实习相结合的实践教学活动,改进实践教学考核评价效度,实践教学设施,尤其是实训实验室的建设是实践教学有效进行的重要保障。在商务英语实践教学中,配合相应的实训模拟是非常必要的。商务英语中的一些重要专项技能训练,如单证制作实训,报关、外贸函电等无法进行全面系统的"真实岗位"操作体验,所以建设完备的校内实训室尤其是仿真实训室是非常重要的。几年来,根据商务英语专业培养目标的实际需要,三明学院外语学院陆续建设了商务英语同声传译实验室,国际商务谈判实验室和进出口模拟实验室等各类商务活动实验室。同时学院还利用各种社会资源,主动和校外企业尤其是大型知名外贸企业建立了长期有效的实训、实习基地。通过校外实习,学生会在较适合企业的指导下进行总结,加深对商务实践理论的理解,为将来的工作打下良好基础。

实践教学质量评价体系是实现实践教学规范化管理的重要前提,因此,需要根据应用型人才培养实践教学体系的目标要求对实践教学管理制度进行充分的完善，制定出实践教学的相关标准和制度。学校为了有效地执行实践教学管理制度，针对各个主要实践环节制定出了相应的质量标准要求。其要求明确具体、可操作性好。比如对学生综合商务实训及集中性实践环节分别制订出关于内容的选定、预习与准备、组织与指导、实践报告的撰写与批改、成绩考核等环节的质量标准，对毕业实习制订实习项目或实习内容的选定、组织与指导、实习总结的撰写、成绩考核等环节的质量标准以及对商务英语专业毕业论文形式的多样化探索方面，及论文选题、监督与指导、论文的撰写、答辩、评定成绩等步骤环节的质量标准。在实践教学考核中应强调实践过程的考核，特别是学生的实际操作情况在最终成绩中占有重要的比重，也要加大学生平时学习状态所占的比例。另外，为了提高学生对实践教学的兴趣，鼓励学生参加到一些学科竞赛、大学生创新计划项目以及第二课堂等活动中来，这些对于学生综合运用所学知识，提高实践能力、创新能力、创业能力和素质都有很大帮助。

商务英语实践教学体系会随着经济全球化的进程的深入以及中国经济发展而不断深入，商务英语实践教学体系建设要从实际出发，切实提升商务英语专业培养复合型商务人才的培养能力，真正为经济发展输送合格的既具备扎实英语语言能力，也具备基本商务知识和技能的人才。

第二节　建立完善的评估体系

商务英语专业是一门国际商务技能和语言相结合的专业，实训教学不仅可以培养学生的基本技能与基本能力，还可以使商务英语专业技能型人才培养的实践教学得到很好的体现。本节建造了涵盖具体实践教学内容的多元化实训评估体系与五级递进式的实训模式这两方面，主要的目的是能够发现探索与我国特色相符的，可以推广并且可行性强的商务英语专业实训教学体系。

一、商务英语专业实践教学体系的构建

(一)商务英语专业实践教学体系的功能

通过前面的分析可知，商务英语专业要求学生具备专业英语技能、商务事务

技能和职业通用技能三个方面的能力,可见,这些能力的获得是成功教学和学习的关键。建立商务英语专业实践教学体系非常必要,它具有以下两个方面的作用。

1. 准确定位人才培养目标

商务英语专业的人才目标如果不经过整合研究,很可能沦为"英语"和"商务"的简单叠加,教学中必然导致英文语言技能和商务技能的分离,割裂式的学习结果是涉及的两方面知识都不够精通。理清两者的关系,建立以具体能力模块为指导依据的商务英语实践教学体系为商务英语教学提供了明确有效的方向,使商务英语教学的人才培养更趋合理。准确、科学的培养目标是人才培养的基础,为院校的商务英语教学指明了方向。

2. 为教学过程的实施提供依据

概括性的培养目标或人才标准主要起到纲领性的指导作用,切实的实践教学实施方略才是确保教学目标完成的关键。商务英语教学的体系框架为实践教学提供了切实可行的操作步骤,依据框架中的每一个维度进行教学,有利于教师和学生在学习过程中做到整体和部分间的准确切换,既保证总体教学进度的跟进,同时也能在每一个细小的操作环节中做到心中有数。可见,实践教学体系为商务英语教学提供了策略性的指导方针。

(二)商务英语专业实践教学体系的构建原则

1. 学生为本原则

培养社会需要的综合型人才是院校的根本任务。以学生为本原则就是指要根据学生生理、心理特点,把价值引领和教育理论、实践教育等有机地结合起来,有针对性地根据青年学生的心理需求设计实践内容、实践手段,充分体现对学生个体的尊重。院校在构建实践教学体系时应该做到以学生为本,在确立高水平优质就业的目标基础上,要做到职业素养与职业技能培养并举,学历教育与岗前培训相结合,既要培养学生听、读、说、写的能力、做的能力、学的能力,更要推进以"专业深化、品德优化、形象美化、能力强化"为主要内容的学生职业素养提升工程。商务英语实践教学体系构建要以学生为本,就要突出培养学生的职业能力,始终把培养学生熟练的英语沟通能力、扎实稳健的商务知识与技能,以及与现代商务环境相适应的信息处理能力作为重点,对商务英语专业理论和实践教学体系的建设和实施、教学计划、实习实训等环节进行较全面的改进,着重培养学生的职业能力,使学生在就业市场更有竞争力。

▶▶ 2. 层次性原则

层次性原则是指在具体的教学实施中要考虑不同的学生群体及他们所处的不同年级,采用有差异的教学方式来进行有针对性的教学,也是因材施教的一个重要体现。在教学实施中要做到细致合理的规划,不同的学段和学习者采用阶段性的实施策略,真正做到有效推进教学连接,使实践活动形成整体的系统性规划。在商务英语教育,英语的工具性作用更为明显,它不仅是商务英语专业在教学和学习中使用的基本"工具",同时也是开展各类国际商务活动的"工具"。然而,学生的学习基础相对薄弱,这就要求院校在构建实践教学体系时必须坚持"层次性"原则,在坚持循序渐进的基础上注意以培养学生的学习兴趣和动手能力为主,因材施教,充分发挥每个学生自己的潜力,发现每个同学的优势。

(1)有层次的校内商务英语实践教学

按照层次性原则,笔者认为,在3年相对短暂的学习时间里,商务英语校内实践教学模块可以从以下3个层次开展实施。

第一个层次:学习的第一年,主要以基本技能的训练为主,重点培养他们的英语听、说、读、写、译等能力。无论在课程设置上,还是课堂教学上,都要进行大量密集的英语教学和训练,大量地使用以业务为背景的语言材料,使学生在学习语言知识和技能的同时,获得一些相应专业术语和文化背景知识。

第二个层次:专业学习的第二年,也是最重要的一年,要以商务技能的专项训练为主,主要培养学生使用英语进行商务事宜沟通的综合能力。学生经过一年的系统学习后,在掌握英语和各项基本商务技能的基础上,通过综合实训将单项的技能联系起来,综合运用,融会贯通,同时加强整个商务活动流程的实训教学,提高学生的商务沟通能力、跨文化交际能力、协调能力、团队协作能力等,为以后所要从事的商务工作岗位打下牢固的基础。

第三个层次:在专业学习的第三年,则要将重心转为以综合职业能力的培养为主,包括创新型的创业能力等。鼓励、指导在自主创业、科技创新等方面有特长的学生率先实践。

当然,这 3 个阶段的实践教学内容并不是一成不变的。教师可以根据学生学习中掌握的实际特点进行灵活调整,给予有针对性的辅导。

(2)有层次的校外商务英语实践教学

众所周知,社会实践是教学的关键环节,同样应该坚持"层次性"原则。商务英语专业在计划、部署校外实践教学时,要坚持"层次性"原则,即必须从学生的实际出发,制订计划、实施与总结,给予他们最直接、及时与有效的指导,而不是很直接地、很随意地就把学生"扔"入社会。这就跟跑马拉松一样。迈步之前的热身是一种适应性练习,先打好基础,对最后的成功也起着非常重要的作用。对于刚入学的一年级学生而言,他们对这个世界的了解可能更多的是停留在感性上,那么校方应该多组织他们赴企业参观、学习,从而对这个现实的社会,对当前的经济态势和企业发展有个清晰的认知;二年级学生,实践重点可以放在鼓励他们深入社会、企业做调研,在深度了解企业文化的基础上开始规划自己的职业生涯;对三年级即将毕业的学生,校方应该把重点放在社会"实习"上,指导他们逐步适应职场世界,在实际工作中发展自己。

❯❯ 3. 理论与实践结合原则

商务英语实践教学注重学生们应用英语能力的提高,让学生们知道学以致用、融会贯通、相互促进。把在学校里学到的理论知识运用到实际生活中去。用理论来指导实践。商务英语是一门综合性学科,需要积累的知识很多,既有英语语言的,也有商务专业的。如若只是蜻蜓点水地"教"与"学",必然不能起到加深印象的作用,势必因为知识的"模棱两可"而在实践中无法很好地"表现",甚至会犯不必要的错误。在实践中学会总结,不断创新,才能进步,其实总结就是实践理论方式的体现,理论是告诉你是对的,该做的,实践才会让你知道怎么才能做成,因此要学会经常总结。

因此,帮助学生学好英语,使其尽可能系统地掌握相关的商务知识与技能非常重要。与此同时,英语的使用与商务操作都涉及很多技巧与技能,需要在实践中发展、完善与更新,从而保持与时俱进。在构建商务英语实践教学体系时,必须从学生的实际需求出发,再结合学院特色和地方特色,合理地将理论与实践有效结合,为真正培养出一大批有知识、有文化、有内涵、有远见、有能力的商务人才这一专业目标而服务。

(三)商务英语专业实践教学体系框架构建

自从商务英语的快速发展以来,随着人才需求的标准越来越高,更强的实践能力是急需的。目前的商务英语专业也是越来越重视学生实践能力的培养了,需要通过科学有序的实践提高能力。因此,合理科学的课程体系是提高学生英语技能和业务能力的关键。同时对培养高素质的技术人才,提高就业能力,满足市场的需求,赢得竞争具有重要意义。

以实践为主,同时注重职业能力的提高,到目前为止一直是商务英语专业追求的目标,实践教学体系是理论教学的体现和补充,能够将理论知识运用到实践中去,包括实验教学、实训教学和综合实践。实验教学以培养学生商务背景下英语语言知识的掌握和运用为目标,以实现课程内容的基础要求为指向。实训教学重视学生的操作熟练度,是综合能力和技术应用的结合,是高等职业教育的中心环节。实习教学一般包括对岗位的了解、在生产中实习和为毕业而开展的实习等,方便学生更好地接触社会。

基于能力本位思想,我们建立的商务英语专业实践教学体系框架主要包括三个维度:

(1)英语专业技能实验维度;

(2)商务事务技能实训维度;

(3)综合技能实践维度。

每个维度的提出都以前面一章形成的商务英语职业能力模块为出发点和指导方针,目的是通过具体的实践模式培养和发展职业能力模块中对应的能力。

商务英语一般为三年教学制,为了保证和控制教学质量,该框架首先从时间维度对每一学年的重点教学内容加以规划。

第一学年,学生刚刚入学,一切都处在未知和逐渐适应状态,因此,教学的重点就应该放在基础知识的训练上。对于商务英语专业来说,基本的英语语言能力是进行其他一切商务活动的基础,没有扎实的英语基本功一切其他技能都无法应用,专业英语技能的实验训练就成为第一学年的主要实践内容。英语教学实践要符合语言本身的特点,实施过程中要循序渐进各个突破,既要有侧重点又不能偏颇太大,需要合理规划和安排各个维度的语言实验训练。听说技能和口语技能的训练要同步进行,阅读和写作需要轮流进行不断循环,同时,在一轮能力训练后要定期总结回顾,使学生能综合运用听说读写,牢固掌握英语基本技能。

第二学年,学生的学习进入关键的发展时期,在第一学年英语知识的学习基础上,需要重点加强商务技能和综合技能的训练。首先,需要以商务课程的知识内容为依托,鼓励学生积极准备参加相关职业资格考试,使课程知识在准备考试的过程中得以进一步强化,同时也为未来的职业发展做了充足准备。通过开展技能竞赛活动,形成比技能、比素质的良好氛围,切实提高学生的动手能力和综合素质。商务英语的应用性决定了学生以后的职业发展多为综合型技能人才,因此,需要在商务仿真实训中重视操作技能的强化,这些操作技能既包括以商务公文写作、商务礼仪为代表的商务技能也包括以辅助办公软件的使用、语言沟通表达能力为代表的综合技能。这些操作技能是最实用的知识,在工作中起到关键的应用作用,是一个人专业水平的重要体现。

第三年是学生学习的最后一年,这一年既需要对前两年所学知识进行综合,又需要为即将毕业的工作做充分的准备。因此,学校需要开展一些第二课堂(交易会、展览会、商务文化节等),使前两年学的知识得以应用和进一步的巩固,同时需要安排定岗实习工作,让学生提前接触并了解真实的工作环境。同时,开展一些模拟创业活动为毕业学生提供更多的就业途径,让他们有机会根据自己的爱好和实际情况选择以后的工作。最后,毕业学生在顶岗实习后需要完成毕业设计,作为进入社会之前的彩排,学校需要提前组织学生做好毕业设计的计划、指导和督促工作,为毕业学生安排有经验的指导老师,让学生们在实践中遇到的难题可以尽快得以充分解决。

(四)商务英语实践教学体系的实施

实践是保证一切理论有效的最终途径,商务英语实践教学体系的完成也不例外。依据教学体系框架,在实施过程中需要重点关注以下几个方面。

▶▶ 1. 商务英语专业教学目标以需求为导向

院校商务英语专业在制订实践教学计划时要因材施教,保证每个学生都可以发挥自身优势,在实践中提升个人的职业能力,满足市场需求。能否直接在岗位工作中得心应手是衡量一个毕业生的重要维度。对于商务英语专业而言,其根本的指向性教学目标应以企业需求为标准,在设置课程、安排教学前应该对商务英语专业所从事的行业做大量的前期调研,通过设计调查问卷和访谈来全方位的了解企业需求。在充分调研的基础上对数据做详细分析,根据调查结果来调整和设置课程计划,真正做到以适应企业为宗旨,以服务企业为导向。只有以企业需求为目标的教学,才能培养出真正适应企业适应社会的人才。

▶▶ 2. 实践教学中加强对技能的应用性训练

应用性是商务英语专业的本质特性,能在实践中合理、适时地用商务和英语的知识解决实际问题是衡量商务英语专业水平的重要方面。现行教学中教师多以培养和教授学生理论知识为主,与实践应用相脱节。为了提高学生的应用性技能,在课程教学实施中需要从教师和教学活动两个方面进行重点关注。

实践教学模式将教师的角色从知识教授者转向课程教学辅助者,"辅"字并不是表示教师功能的弱化,相反对教师的要求更加全面和严格,仅仅讲授知识传授技能已经不足以满足教学,教师需要变成整个教学的设计者。对于商务英语教学而言,实训教师需要按照教学目标清晰分工,如教学管理工作和教学指导工作要分开,这样有利于教师各司其职,充分发挥自己的优势。教师作用加强的同时对教师的要求也更加严格,作为办学院系,要不断完善和调整教师专业队伍,合理配置教师人力资源,明确各自的岗位职责。此外,要加强对教师的培训工作,定期安排教师补充新知识,使教师首先具备商务英语专业要求的技能素质。教师的水平直接影响着商务实践教学的成功与否,加强教师队伍建设是保证商务英语实践教学体系实施的重要环节。

从课程实施的过程看,综合性、多维度的课程更能吸引学生的注意力。在兴趣的指引下,学生更愿意积极主动参与实践教学,使得预先的课程实施更好的展开并取得成效。例如,定期举办以英语技能和商务技能为主要考察内容的活动比赛,使学生在竞争和求胜的心理动机下参与活动,这样的活动平台以任务或者目标为导向,学生的参与性被大大调动,既有利于专业技能的掌握,同时在协作、互助、竞争的活动氛围中也培养了学生的沟通能力、组织能力、协调能力等综合技能。在具体实施过程中,要依据实践课程体系中的维度,精心设计综合类的竞赛活动,并且为竞争获胜者提供奖励措施。使学生在活动中锻炼和发展他们的专业技能,在实践中提高其专业知识的应用能力。

▶▶ 3. 采用"三位一体"的实践教学模式

为了培养适合市场需求的商务英语人才,把商务知识和英语很好地结合,进行更大范围内的信息传递和商务竞争。在教学中,要注重组合实践教学基地,笔者采用了"三位一体"的实践教学模式,包括课内实验、校内实训、校外实习三个环节。

课内实验是指为了及时强化课程内容,在一个部分的课程教学完成后安排的课堂练习,大多由校内授课教师在学校内指导完成。重视理论知识的实践应用,如借用英文电影片段练习听力、以主题讨论练习口语、结合案例进行一些商务内容的翻译和公文的写作等,根本目标在于让学生对专业知识能够更好地掌握。

校内实训一般是在一门课程或者相关的几门课程结束后,为了进一步巩固知识点进行的历时几周的训练,让大家对知识进行更深入的了解。这样的训练也大都由教师组织学生在校内完成,根本目标是将知识点之间建立起连接关系,形成综合性的、完整的知识理解。开设与工作岗位相关的实训课程很有必要,例如一些外贸的采购业务、商务证单的制作等,在整个过程中学生需要经历前期的精心准备,过程中的合作和事宜安排及宣传工作。在模拟仿真商务实训室的一系列活动都是真实事务的模拟操作,具有很强的职业导向性,是一种非常有效的训练工作。

校外实习是指学生到校外实习基地顶岗实习或自己联系到真正的公司企业进行学习,在真实环境中培养学生综合的应用知识英语能力和商务事务处理能力。时间持续较长,一般为几个月到一年,会有全面的规划和部署,有专任的实习老师负责事宜的安排和统筹。实习的根本目的是让学生在校内学到的知识提前在工作中进行检验,不断提高知识的应用性,同时也可以及时了解和发现自己的薄弱环节,做到心中有数,急需补充学习,进而真正全面有效地学习好商务英语的专业知识。

▶▶ 4. 统筹校内实训和校外顶岗实习

校内实训和校外定岗实习都是商务英语专业学生必须经历的学习环节,是保证其职业能力强化的关键。校内实训可以有针对性地训练学生单个或者几个能力,在模拟学习中为实习和就业提供最基础的联系。将校内实训与校外顶岗实习紧密结合,对商务英语专业学生职业能力进行优化分析。因此,协调好校内实训和校外实训之间的时间比例和项目安排非常必要,既要重视基础知识的学习,又要做到真正的学以致用,进而实现层次性的进步和螺旋式的成长。

校内实训在安排时要与课程的理论教学目标相结合,以实训的效果为导向做科学合理的设计。即使是模拟的环境也要尽量参考真实的工作场景,使学生对未来的工作有第一手的直观感受。在用现代化的教学手段的基础上还要综合考虑学生们的接受能力,在具体的实训时,必须对他们的特点采用不同的教学方法。同时,要总结学生综合能力的培养过程中的经验,让学生们进行讨论交流,供学生们在理论学习和生产实践中参考。校外顶岗实习在安排上要以质量为第一位衡量标准,切记以时间和数量来盲目计算。实习的岗位要具有代表性和普遍性,是真正社会普遍关注和需求的岗位。一定要选择恰当的实习岗位,让学生充分发挥主观能动性,从根本上完成实习目标,能力得到相应的锻炼,而不是形式化。同时要不断加强岗位的管理和评价环节,不让实习流于形式。

二、工学结合商务英语实践教学评估体系

有效的评估对教学的顺利开展有着积极作用,可以帮助师生有效监控教学和学习过程。2016 年教育部发布的《关于全面提高高等职业教育教学质量的若干意见》所倡导的工学结合人才培养理念颠覆了传统的学科式人才培养模式。院校的商务英语专业由此进行了多方面的教学改革,特别是基于工作过程设置了实践教学课程,而作为教学中重要环节的教学评估的改革也势在必行。"以过程为导向"的动态评估理论不仅可以发挥传统静态评估的教学检测功能,还能对个体的潜能进行评估,指出教学中的不足,完全符合工学结合人才培养模式对评估体系的要求。

(一)动态评估理论概述

动态评估是指对一系列有着共同假设的认知能力测验的统称。与传统静态测验以"结果为导向"不同,动态评估采用交互的方法"以过程为导向"对个体的潜能进行评估,即从动态历时的角度对个体的认知、元认知过程进行评估,旨在促进

个体认知能力的改变并对其发展潜能进行评价。该理论起源于苏联著名心理学家 Vygotsky 的心智社会文化理论,由以色列的 Feuerstein 在《学习潜能的评估的设计、理论、工具与技术——对智力落后儿童的动态评估》一书中首次提出。基于 Vygotsky 的观点,动态评估理论认为:教育的主要职责不是为了证明学习者的学习是否有问题,而是为了发现这些问题背后的原因,以帮助学习者树立新的发展目标。动态评估的功能远不只是用来提高学习者完成某一特定任务的能力,而是不断引导学习者超越当前的能力水平,帮助他们走向"卓越"。

动态评估理论区别于传统静态测验理论的最鲜明的特征在于"过程取向"和"教学介入与评估相结合",并突出社会文化和非智力因素等对个体潜能的影响。该理论不是单向地关注被试者已经发展的能力水平和所掌握的知识程度,而是以协作的方式对被试者的认知策略进行培训并对其潜能进行预测,因而能够有针对性地指出被试者认知技能方面的缺陷、认知过程中欠缺的元认知策略、掌握知识和解决问题过程中所需的技能、技巧以及在测题理解方面的缺陷,如学生在学习中动机、注意力方面的不足等问题,从而有针对性地促进个体智力的提高,改变、塑造个体的认知结构,测定个体的学习潜能,并对教学有着积极的反拨作用。

(二)工学结合人才培养模式的要求

工学结合的基本内涵是:"学习的内容是工作,通过工作实现学习",即在对职业岗位和具体工作过程进行分析的基础上,选定真实工作任务或社会产品作为载体组织教学内容的人才培养模式。与传统学科系统化课程以掌握事实性知识为教学目的不同,工学结合课程旨在以典型工作任务结构为基础帮助学习者获得综合职业能力。在这种人才培养模式下,商务英语专业设置了多层次的实践教学课程,其主要特征为:以真实的材料作为授课内容,多采用"任务教学法""情境教学法"及"实践教学法"等方法,在全真的商务环境中展开课程的教学,有针对性地培养学生用英语解决实际商务问题的能力。

在整个学习过程中,学习者在不断地进步,其元认知策略、认知结构和技能以及生理、心理都在发生着变化,而这些都是影响学习者学习潜能的重要方面。传统的静态测验测定的只是某一时间段(点)的行为状况,并不能据此推知个体未来发展的潜力,也不能提供更多有价值的信息,比如导致当前水平的具体认知功能缺陷、促进学习者能力提高的具体策略等,因而无法对实践教学产生积极的反拨作用。与此相比,"以过程为导向"对个体潜能进行评估的动态评估理论更符合工学结合的人才培养模式的要求。

(三)构建工学结合商务英语评估体系

▶▶ 1. 采用多种评估模式

在工学结合背景下,商务英语专业实践教学的授课场所不再局限于教室,而是延伸到了实训室、公司等场所,而参与者也从教师、学习者扩大到商务人士,因此,必须针对不同的评估主体采用相应的评估模式:自我评价、学生互评、教师评价及合作评价。自我评价是学习者对自己的学习行为的评价,包括学习目的和动机、学习材料和内容、学习方法和策略、学习进步和体验等。采用自我评价有利于激发学习者的内在学习动机,帮助其构建适合的学习目标和方向,培养学习的自主性、独立性和创造性。就商务英语专业实践教学而言,学习者可以采用口头总结、撰写学习心得和实习报告的形式进行自我评价。

但在自我评价的过程中,教师应提供并展示优秀的自评范例,以帮助学习者准确理解评价方案从而有效发挥自我评价的积极作用。学生互评是在实践教学的过程中采取"任务教学法"和"小组合作学习法"的必然要求。在这种教学模式下,任务的完成情况或项目的实施情况完全取决于小组成员的自主探索和相互协作,而小组成员的相互评价既能起到相互监督、相互促进的作用,同时还能弥补自我评价的主观性,还原学习者的真实学习情况。

这种评估模式可以采用调查问卷或评价量表的形式,而评价的内容应侧重于学习者的合作意识、参与精神、分组学习的组织能力和学习效果。教师评价是动态评估体系中重要的评估模式。教师是对整个评估体系持有最客观、最深刻的理解的参与者,而且在整个评估过程中,教师既是管理者、评价者,也是指导者和支持者,其作用是多层面的。这里的教师包括授课教师和提供实践指导的商务人士。在整个学习过程中,教师可以随时对学生的成绩进行有效评价,如测验、小组展示、口头报告和撰写报表等,而方法可以采用观察法、访谈法、问卷调查法和测试法等。

▶▶ 2. 制定不同层次的商务英语评价方案

教学评价方案是动态评估的重要依据,评价方案的质量决定着动态评估系统的有效性。但由于评价对象和课程类型都各有差异,因而应针对学生的特点制定不同层次的商务英语实践教学评价方案,这主要体现在构建动态的评估内容和合理的权重配比上。

构建动态评估内容主要体现在两个方面。一方面,输入材料的动态性决定了评估内容的动态性。工学结合背景下的商务英语专业实践教学的输入材料是真实性的,是结合了商务英语实际应用情境的,如商务礼仪、外宾接待、国际邮件撰写等情境,以此为基础设计了不同的项目,而不同的项目其实施的内容和方式都存在较大的差异性。因此,只有针对不同的项目构建动态的评估内容,才能真实、客观地反映教学中存在的问题。

另一方面,商务英语课程的交际性决定了评估内容的动态性。商务英语课程主要培养的是学生在商务环境中用英语与人交际、与人沟通以解决问题的能力,而解决问题的成功性不仅仅取决于学习者的语言能力,也依赖于其交际策略、协作能力以及一些生理、心理等因素,这些都应纳入动态评估体系。动态评估理论的特点之一是"教学介入与评估相结合"。随着时间的推移,实践教学中学习者参加商务任务的难度逐渐增加,而外界的介入越来越少,这就要求设计者调整评估指标的权重,以便客观地反映教学中存在的问题。

》》 3. 提供有效的反馈

动态评估体系能够帮助教师找出被试者认知技能方面的缺陷、认知过程中欠缺的元认知策略、掌握知识和解决问题过程中所需的技能、技巧以及在测题理解方面的缺陷,而教师应把这些问题积极反馈给学习者。有效的反馈可以帮助学习者明确学习目标与他们当前知识、理解与技能实际水平之间的差距,并引导他们采取行动缩小差距。就反馈形式而言,有研究表明,在不同的反馈形式(分数、等级、评论)中,评论是最有效的反馈形式。

(四)存在的问题及发展方向

动态评估理论有着传统静态评估理论无法比拟的优点,符合工学结合背景下实践教学评估的要求,但是在具体实施中还存在很多问题,比如:对教师的科研能力要求极高,学生对评价方案理解不到位导致评估结果缺乏信度,评估程序复杂,任务繁重等。但是从事商务英语实践教学的教师应加强自身学习,正确把握动态评估理论的内涵,努力克服困难,制定出科学的动态评估体系,为工学结合教学模式提供积极的反拨作用。

三、商务英语专业实训模式与评估体系

近年来,随着我国对外贸易的快速发展,特别是由于近年金融海啸的影响,现在全国各地高专商务英语专业实训模式的开发随意性比较大,大体可分为三个方面:

(1)资格证书为考试而设,例如强化报关员资格证书考试、强化国际单证员资格考试等;

(2)依托理论课程开发,例如报关实训、外贸单证实训等;

(3)语言强化训练途径,例如:翻译实训、口语实训等。

从总体上说,目前实训教学体系的创新性、系统性、完整性还不完善。本书在实际的岗位需要与工作过程的基础上,建造了一个递进式的实训模式,是从模拟软件实训、感性认知实训、模拟情景实训逐渐递进到企业顶岗实习的递进式实训与校内虚拟电子工作后台实训两种模式。为了更具有针对性地提供学生以后的岗位任务与实际工作过程,商务英语专业实训体系按照递进式级别分了以下五个级别。

第一级为感性专业认知,学校可以组织学生到各个企业进行参观与学习,还可以邀请相关从业人士到学校开讲座进行讲解,并且还可以开设职业生涯规划课程等具有创新性的方式给学生带来熟悉未来的工作过程与就业方向的条件。现在学生只是寥寥的观察学习,企业也经常在实训项目中忽略了实际操作,这样学生仅仅得到了很肤浅的感官知识。为了避免这样的事的持续发生,学生在企业进行参观时,学校不仅限于让学生参观企业实际的地方,并且还可以请具有专业知识的企业指导教师为学生讲解,解决学生的疑问,更多地介绍各个部门的功能、报关流程、生产流程等,特别是对企业文化的讲解,从而可以使学生学习的动力与对专业知识的喜爱不断加强,使学生对于真实的工作环境产生美好的愿望。

第二级为模拟情景训练,模拟情景训练为整个实训模式的关键。在此实训阶段,要以学生将来的工作内容为背景,预想学生将遇到的工作任务,并且要以实际的工作内容来设计模拟情景。比如产品市场信息检索模拟情景的实训任务为:某位学生工作在一家生产化妆品产品的企业,现在企业想要与国际市场的客户合

作。市场部总监让刚工作的毕业生以查找相关化妆品国际市场现状的信息并且撰写报告这种方式来获取更多的国际市场的信息，毕业生在接到任务后必须经过三个阶段的信息检索。

第三级为模拟软件实训。近几年来，这种模拟软件得到快速发展，学生可以在仿真业务操作的这种实训过程中增强其本身的实际操作能力。例如学生可以在国际贸易流程的软件实训的过程中学习到全真的外贸流程，还可以熟知、增强从事国际货物买卖的基本操作技能。这种模拟实训软件中不仅有这些内容，还具有对国际贸易知识与各种外贸术语，在当学生学习软件实训里的内容时遇到不会的贸易知识，马上能够通过软件的查询得到解决，用以上的方法，能够不断增强学生自主学习的能力。

第四级为后台虚拟的实训模式，这一实训模式不仅是整个体系的主要部分，还体现了创新的实际操作模式。大多数人都知道，文科与一般的理工科实习不相同，学生很难被企业大量地接收为实习工作人员。从传统的商务模式逐渐转向B2B平台电子商务的现代国际贸易业务，许多外贸业务的工作人员不仅限于在公司办公室找寻工作，更多的是在家通过电子平台做SOHU工作。企业与学校签订工学结合协议，让学生在学校就能够为企业服务，学生可以通过B2B平台，网络黄页，开创企业博客，还可以通过各类搜索引擎等各种方法为企业寻找和提供潜在合作公司的信息。

第五级为顶岗实习。学生可以自己在公司中实习，但是指导老师要在学生实习全过程中进行观察，并且还要与用人单位积极的交流沟通。沟通分三方面：一要熟知学生的实习的具体岗位，实习单位性质，安全状况与食宿状况；二要知道学生的工作成绩与实习进展的方面；三要熟知学生对未来的职业规划与实习单位对学生的评价。指导老师要激励、帮助学生正确看待发展，正确看待工作。

以前对学生的评价主要依靠老师，主要看学生的卷面成绩，这种笔试抑制了学生发散思维，使学生的实践创新能力得到阻碍。在实训教学模式下，学生的卷面成绩将不再是实训评估中的唯一依据。科学的多元化实训评估体系将以培养学生的职业能力、综合素质为基础，并将多种形式的评价相结合来考查学生学习的结果，其中有实习成绩、理论考核与实训。但不能仅限于学生在做完实训教学后的实训作业与报告，还要加强对学生在校内的实训过程的观察、监控、评价。如老师在教学过程中，要遵循实训教学大纲规定的内容进行教学，每一位学生的实训日志都要仔细观看。实训的每一个学生都有一本实训日记,这里不仅记录着每门实训过程,还记录着平日成绩。平日成绩包括技能分、理论分、创新分等。教师考核学生实训成绩的依据有很多方面,如自我管理、沟通合作、创新等。

实训职业技能教学效果评估要将学生的国家职业资格考试的通过率加入。学生在学习进出口贸易实务、单证等这些实训课之后,需要让学生参加跟单员、报关员、单证员的职业资格考试,并且要求其考试过关,取得资格证书。

加强企业与学校的合作,摒弃陈旧的模式就要在评估体系时让企业懂技术懂管理的工作人员参与讨论,发挥其在实训教学的作用。以企业真实工作任务的实现层次作为学生实训成绩定等基准,以学生从业的职业岗位与企业的用人技能标准作为蓝本,把实践经验多的老师与企业技术人员的观点结合在一起来完成学生实训课程的评价。

学校与企业的文化具有较大的差异,如果在校学生对企业的文化不了解,只限于在学校的生活,毕业后很难适应企业的工作环境。在实训课程评估体系的构建过程中结合企业的文化,建立能够促进学生就业能力的实训课程文化。如可以建立公司惩奖制度,进行奖励与惩罚等。实训课程企业文化进行的考核,能够使学生适应企业文化对员工群体的规范、凝聚功能等、增强学生无形的行为准则、道德规范等。

学生在企业实习的过程中,学校可以要求学生把自己所学的理论知识与实习中学到的业务运营情况相结合,写出毕业论文。课程与就业,实训与考证,文化与素质都相结合,只有这样做,才能不仅完成教学的目标,还能够很好地对实训教学的成果进行评估。其实,这种实训评估体系的建设是很动态的,可以随时根据企业用人尺度的不同,不断地进行调整,不断地完善,这样评估体系才能够使服务实训教育的目标得到实现。将动态的评估体系、科学的实训教学模式结合在一起,可以增强学生实训学习的积极性,将实训教学的作用发挥到极致。这种实训机制不仅能使学生更加喜爱与了解自己学习的专业知识,还能够促进学生的敬业精神、创新能力等,使学生的未来就业得到保证。

第六章　商务英语教师专业化建设

商务英语专业发展面临着学生数量规模化扩张与教师数量不多、质量不高的矛盾,要解决这一难题,商务英语专业必须走从简单的数量粗放型发展转向走内式发展的道路。商务英语教师专业化是商务英语专业走内涵式发展的必经之路。通过教师专业化内涵和特点分析,指出商务英语教师专业化不仅需要专业教师具有公共知识和技能以及教育教学知识和技能,而且还需具备商务知识和技能,英语知识和技能以及商务英语知识和技能。在本章中,笔者将带领读者就商务英语教师专业化建设问题进行介绍。

第一节　商务英语教师专业化的特点

理清关于商务英语教师专业化发展的基本概念与商务英语教师专业化的特点,有助于加深对商务英语教师专业发展内涵的理解,为下一步研究奠定基础。本节涉及的核心概念主要是"教师专业化""双师型"教师、商务英语"双师型"教师。在首先对商务英语教师专业化概念的介绍的基础上,对商务英语教师专业化的特点进行更进一步的介绍。

一、商务英语教师专业化的特点

(一)相关概念的界定

>>> **1. 教师专业**

笔者对教师专业化进行了大量详细的解读之后,认为教师专业化是指教师要有一定的学科领域专业素养即有规定的学术水平和学历要求;教师要有教育专业素养,即教师需要具备师德素养、学习素养、心理素养、语言表达能力和组织教学能力等;教师要符合与教师职业相关的特殊要求,即有特定的能力和职业、人格特征要求。以商务英语教师为例,商务英语教师不仅要具备普通教师具有的学科专业素养和教育专业素养,而且还需要具有特殊的能力,如掌握多元化的商务英语教学法、具有丰富的商务实践经验以及指导学生进行职业规划的能力。

▶▶ 2."双师型"教师

早在 1998 年 2 月,教育部在《面向世纪深化职业教育教学改革的意见》中已明确表示要重视教师的培养培训和加强师德师风建设,不断提高教师专业素养。要出台相关政策积极鼓励和引导教师到企业单位进行见习和挂职锻炼,学校要重视从企业单位引进有实践经验的人才充实师资队伍,要聘请他们做兼职教师,要重视"双师型"教师、教学骨干、专业带头人的培养。2015 年,教育部高教司在《关于全面开展高专院校人才培养工作水平评估方案》中明确指出:"双师素质"教师是除了有讲师(或以上职称),又具备下列条件之一的专任教师:

(1)有本专业实际工作的中级或以上技术职称含行业特许的资格证书及其有专业资格或专业技能考评员资格者;

(2)近五年中有两年以上可累计计算在企业第一线本专业实际工作经历,或参加教育部组织的教师专业技能培训获得合格证书,能全面指导学生专业实践实训活动;

(3)近五年主持或主要参与两项应用技术研究,成果已被企业使用,效益良好;

(4)近五年主持或主要参与两项校内实践教学设施建设或提升技术水平的设计安装工作,使用效果好,在省内同类院校中居先进水平。

我国教育界对"双师型"教师有一种普遍的理解,认为教师是否具有"双证"(行业或职业技能等级证)为判断标准。笔者认为,这只是形式上强调了"双师型"教师要重视实践的特点,"双师型"的实质是指教师具有职业教育人才培养所要求的特殊双师素质内涵,是专业知识、专业素质、专业能力和专业实践的有机结合。目前我国职业资格证书制度还不健全,其专业相关的资格证书与实际能力的等值性值得怀疑。"双师型"教师是我国高等职业教育对教师专业发展的一种特殊要求,即要求专业教师具备两方面的能力和素质:一要有较高的专业理论知识和专业实践技能;二要有一定的教改和科研能力,能够针对本地市场和学生特点,来指导专业学生的实训和实践。总而言之,"双师型"教师是教育人才培养特征所决定的,是理论与实践并重的、高技能型的复合型教师。

▶▶ **3.** 商务英语"双师型"教师

目前在我国,商务英语"双师型"教师尚无权威性定论。国内外学者就商务英语教师进行了如下界定。埃利斯和约翰逊在《商务英语教学》一书中指出商务英语教师应该具备的素质,强调商英教师首先是一个语言教师。此外,他们从个人能力、如何获取资料以及如何获得信息方面指出商务英语教师应该具备的能力。

他们认为商务英语教师主要是起到英语教师角色和作用,这种界定是基于国外的商务英语专业教学模式,显然这种观点是不符合我国国情的。江春和丁崇文认为商务英语教师的专业知识素质包括学科基础知识和学科专业知识。作为商务英语教师必须具备较高的听、说、读、写、译的技能,具体来说,商务英语教师不仅要具备扎实的英语五项基本能力,还应具有丰富的跨文化交际知识和技能。同时,广博的商务知识和实践经验是商务英语教师所必须具备的,此外商务英语教师需要掌握一定的科研能力和现代化教育手段。

田文菡、丁国柱认为商务英语"双师型"教师主要有两层含义:从教师个体层面上讲"双师型"教师是指教师需具备"双师素质",即要求专业课教师既要有系统的专业理论和实践知识,又要有较强的专业实践能力和指导学生实践的能力,具有双证;要求教师不仅要有教师从业资格证,又要有专业相关的证书或者企业工作经历,这样教师就能在教学过程中做到理论与实际相结合,能指导学生进行专业实践。从教师群体层面上讲"双师型"教师是指教师要有"双师结构",即要求教师团队中既有来自高校或企业的专职教师,又有来自企业、公司的兼职教师,或者是外籍教师,专职教师与兼职教师、外籍教师的数量应达到一个合理的比例,即团队中有双师型教师、骨干教师、专业带头人和教学名师;这些不同层次的教师发挥不同个体之间的互补功能,使整个教学团队在商务英语专业教学、实践和就业指导工作上发挥各自不同的功效。

原庆荣认为商务英语教师应该具备以下能力和素质。第一,教师要有扎实的英语功底和一定的行业背景知识,教师能运用现代教育技术进行教学;第二,教师要有进行教学改革和探索教育教学规律的能力;第三,教师既能从事理论教学,又能胜任与专业相关的实习、就业的组织和指导工作;教师要具有丰富的行业背景知识和一定的专业实践经验,能用熟练的英语讲授行业的产品信息、营销策略、社交礼仪、谈判技巧等商务知识并指导学生的实践活动。作为商务英语"双师型"教师,需要具备扎实的英语学科知识,丰富的英语教学知识、教学方法和教学手段,系统的商务基础知识和一定的行业知识背景,跨文化交际知识,较强的学习能力和科研能力,同时要具备一定的商务英语行业实践经验并能指导学生的实践。

（二）商务英语教师专业化的内涵

商务英语教师专业化是商务英语教师在商务英语学科领域专业知识和商务技能素养的培养和提高,也是商务英语教师内在专业结构和商务实践技能不断更新和丰富的过程。

▶▶ 1. 商务英语教师专业化是职业化的过程

卡尔桑德斯是早期对"专业"进行系统研究的社会学家,他认为专业是指一群人在从事一种需要专门技术的职业,它是一种需要特殊智力来培养和完成的职业,目的是提供专业的服务。布朗德士对专业的研究主要侧重于评判专业的标准,他界定专业是一个正式的职业,为了从事这个职业,要进行以智能为特质、包括知识和某些扩充学问的训练,这是必要的上岗前的培训,它们不同于纯粹的技能,专业主要供人从事于为他人服务,而不是从业者单纯的谋生工具。毫无疑问,商务英语教师职业是一种专业,我们可以从以下几方面进行论证。

第一,商务英语教师是从事商务英语专业知识和技能教学的专门人才。商务英语教师需要接受大学高等教育的系统专业训练,而不是通过个人体验和个人工作经历累积工作经验。第二,商务英语教师培养的是从事国际商务工作的高端技能型人才,其属性是一种范围明确,社会不可缺少的教学服务。教师通过教学服务获取报酬,并且把服务置于个人利益之上。第三,商务英语教师把商务英语教学、实训实习、专业指导、科研等融为一体,即商务英语教师不仅要提供高质量的商务英语专业教学和专业实训实习,而且要对商务英语专业学生进行专业指导且对商务英语专业进行科研研究。这些行为是一种自觉行为,而普通职业如(商务培训师)仅提供有限的服务,没有研究意识。第四,商务英语教师把工作看作是事业,是一种生活方式,而普通职业从业人员(如商务培训师)仅仅把工作当成一种谋生手段。

▶▶▶ **2.** 商务英语教师专业化知识和技能体系

在对商务英语教师这一职业进行职业分析的时候，我们要明确商务英语教师的职业活动所具备的知识体系，提出完成商务英语教师这一职业活动所必备的专门知识和技能，从而修正商务英语教师培养目标和改革商务英语教师的培养内容，使商务英语教师真正具有职业独特性。商务英语的特殊性决定了商务英语专业教师必须拥有三方面的特性，即英语、商务、商务英语。笔者认为，商务英语教师知识和技能体系应该从公共知识和技能、专业道德、专业训练、专业发展、专业自主、专业组织六方面来建立。

（1）公共知识和技能

商务英语教师首先要具备高尚的师德，即忠诚教育事业和热爱学生；其次要有较高的文化修养、熟悉教学和心理学等教育基础理论知识，并能在教学活动中灵活地运用教育学和心理学知识来组织教学活动；另外，还需要有广博的知识和多方面的才能，这样有利于师生进行有效的沟通。

（2）教育教学知识和技能

商务英语教师需要掌握教育科学和教育能力，即掌握教学基本规律、教学原则、教学方法、教学评价等知识和技能，并用以指导自身的教学实践。由于商务英语专业的特殊性，所以商务英语教师需要具备一定的自主学习能力、科研能力和创新能力；同时还需要掌握现代化教育技术和信息技术的运用，以不断适应现代化教学。

（3）商务知识和技能

商务英语的跨学科性决定了商务英语专业教师需要掌握系统的商务知识和商务技能。商务英语专业知识的复合性和能力的应用性要求专业教师的知识能力结构具有复合型和实践性。因此，商务英语教师需要熟知国际商务知识，掌握国际贸易、法律、市场营销、金融、管理等领域的知识，同时又要熟悉相关的行业背景和灵活运用商务实践能力来指导学生的专业实践。广博的商务知识体系能够帮助教师在教学过程中进行创造性的发挥，从而激发学生学习的积极性和创造性，使得学生在教学过程中掌握商务技能，提高学生的学习效率。

（4）英语知识和技能

商务英语教师首先是一个英语教师。因此，扎实的英语学科知识和丰富的英语教学知识必不可少。由于我国的大部分英语教师不是在英语母语环境下培养出来的,所以需要花大量的时间来获得英语基础能力,即掌握丰富的英语语音、词汇、语法、语篇等方面的知识。此外,商务英语教师还应该熟练掌握英语听、说、读、写、译等技能,对外语语言学、词汇学、外国文学、跨文化交际等有比较深入的了解。另外,商务英语教师还应熟悉英语教学理论及灵活运用各种英语教学法,对各种不同的教学法流派的理论基础、教学原则、教学方法和在具体教学过程中运用技巧都要进行深入的探讨,并能结合具体的教学情境加以创造性地运用。因为"在其他条件等同的情况下,不同的教学方法会导致完全不同的教学效果"。

(5)商务英语知识和技能

首先,商务英语教师要有丰富的汉英表达基础知识来指导学生进行国际商务实践;其实,商务英语教师要掌握西方经济学、国际经济学理论、国际贸易实务、国际市场营销等商科知识并能用中英双语进行商务英语专业教学活动;此外,还需要了解世界主要国家和地区的经济发展和贸易政策,了解国内的经济政策和法规,熟悉我国对外贸易的政策和法规以及国际商务惯例,具有较强的交际能力和应变能力。除了系统的专业理论知识、丰富的商务英语教学方法,商务英语教师又要有一定的商务实践技能和经验,从而能做到在专业教学和专业实践中理论与实际相结合,指导学生进行实践活动。

此外,商务英语教师还要能根据区域经济社会发展开展应用研究,如何设置与本地区经济发展相适应的就业岗位群,以及岗位群的课题开发等能力,同时又能指导学生的就业工作。

(三)商务英语教师专业化的特点

教育是培养以职业能力培养为中心的教育,其目的是培养社会急需的高端技能型人才,院校人才培养模式的突出特色是"校企合作""工学交替"和"顶岗实习"。高端技能型人才的培养离不开教师的教育与教学,作为商务英语教师,如何建设商务英语专业的"校企合作""工学交替"以及"顶岗实习"来实现商务英语高端技能型人才的培养,笔者认为首先要打造一支高素质的商务英语教师队伍即搞好商务英语教师专业化。要实现这一目标,首先要分析商务英语教师专业化的特点。

▶▶ **1. 与普通英语教师的共性特点**

第一,具有扎实的英语学科知识和丰富的英语教学知识。即掌握丰富的英语语音、词汇、语法、语篇等方面的知识;掌握英语听、说、读、写、译等技能;对外语语言学、词汇学、外国文学、跨文化交际等有比较深入的了解。

第二,具有丰富的英语教学知识。商务英语教师应熟悉英语教学理论及灵活运用各种英语教学法,对各种不同的教学法流派的理论基础、教学原则、教学方法和在具体教学过程中运用技巧都要进行深入的探讨,并能结合具体的教学情境加以创造性地运用。此外,商务英语教师应掌握一定的语言输入理论和方法,并熟知英语教学规律和现代教学法理论,并了解学生的认知特点和学习动机,策略以及有关教材、测评等方面的基本知识。

第三,具有现代化教育技术和信息技术的运用能力。现代教育技术和信息技术广泛应用于教学对商务英语教师提出了新的要求。现代化的多媒体技术和信息技术创造出生动、逼真、有趣的教学情境,实现了商务英语教学的交际性、知识性和趣味性。商务英语教师应该掌握现代化教学工具并运用现代化教育技术和信息技术来指导学生的学习和实践。此外,商务英语教师还要求掌握网页制作技术、操作相关实用软件、创建聊天室和班级群,能够运用世界大学城空间平台及时与学生沟通,提高教学效率和工作能力。

▶▶ **2. 商务英语教师的独特性**

结合分析本科院校大学英语教师的特点、教育对英语教师素质的特殊要求、以及商务英语学科的特点,笔者认为,作为一名院校的商务英语教师,有其独特的职业特点。

第一,商务英语教师具有"多证书"特点,即商务英语相关学历证书(商务英语专业、英语专业、经济或贸易专业等)和商务英语相关职业技能等级证书(中国国际商务英语认证考试培训师和口语考官、全国外贸业务员资格证书、国际商务师证书、报关员证、报检员证、单证员证等)。

第二,商务英语与普通英语教师相比,不仅要具有熟练的英语学科基础知识(听、说、读、写、译)和丰富的英语教学法,而且还需要不断学习商务理论知识(西方经济学、国际经济学理论等)和更新国际贸易实务、国际市场营销等实践知识、熟知国际国内法律知识和国际商务前沿知识。此外,商务英语教师还需要掌握多元化的商务英语专业教学法来指导学生的商务英语学习和商务实践。

第三,商务英语教师与普通英语教师相比,能力要求相对较高。商务英语教师既要有公共教育素养,掌握教育的基本特点和规律,有丰富的教育教学经验,又要懂得如何有效地将职业教育中大量的隐性知识转化为学生头脑中的显性知识并为学生掌握和运用,还要有较强的商务实践技能,并能结合自身的商务实践经验,指导学生进行各种商务实践。

第四,商务英语教师要有较强的商务英语专业职业规划、职业设计和职业指导能力,即在学生实训和顶岗实习中,熟练地运用中英双语对商务英语专业学生进行专业实践和职业指导。

二、商务英语教师专业化的现状与差距

商务英语作为一个应用型的交叉学科涉及语言学、心理学、管理学、法学、教育学、计算机科学等诸多学科,这些学科与商务英语既相互作用又相互依存。商务英语学科的发展很大程度上取决于商务英语教师的职业素质、学术研究方向和成果,所以,研究商务英语教师的发展刻不容缓。

(一)商务英语教师及其专业化的现状

为了全面了解湖南省院校商务英语专业教师的总体情况,湖南省教育厅教育教学改革研究项目《商务英语精品课程建设》借助于英语教学研究会年会的机会对湖南省几十所院校商务英语专业教师进行了一次抽样调查。综合分析国内和湖南省商务英语教师的总体情况,得知目前从事商务英语专业教学的专业教师有高度的责任感和事业心,有较为丰富的教学经验和一定的科研能力,同时也存在着诸多不足。

> **1. 教师毕业专业和入职前工作性质**

不同专业背景的商务英语专业教师入职后,学院应安排经验丰富的教师指导他们的教学和实践。但由于诸多因素导致新老教师沟通效果欠佳。大多数年轻教师的教学全凭自己摸索,导致教学实施效果欠佳。因此,商务英语教师专业化

中面临一个重要课题,如何建立针对新专业老师的"传""帮""带"有效机制,帮助年轻教师熟悉并掌握商务英语专业教学的规律和特点。

入职前工作经验:教学经验较丰富,实践经验欠缺。直接从大学毕业后任教于商务英语专业的教师有 72 名,占 54.55%,从其他学院调入或转岗的教师有 37 人,占 28.03%,从企事业单位一线引进的教师有 23 人,占17.42%。数据分析得出来自企事业单位的一线教师比例偏低,但随着教师职业准入制度的进一步完善和深化,这部分教师的数量必将会越来越多。

▶▶ 2. 教师英语学习年限、学历和职称结构

调查统计 132 名教师中,学习商务英语 1 年及以下的教师仅 18 人,占13.64%;学习商务英语 1~2 年的教师共计 37 人,占 28.03%;学习商务英语 3—4 年的教师有 54 人,占 17.42%;学习商务英语 5 年及以上的教师只有 23 人,占17.42%。数据分析显示:其一,商务英语专业虽然开设历史普遍不长,但教师普遍接受了商务英语学习或者培训,3 年以上学习商务英语的老师人数有 77 人,占总人数的 58.33%。商务英语教师应加大对商务英语的学习,使其逐步实现对商务英语专业教学和实训的胜任。

在调查的 132 名教师中,博士学历 1 人,占 0.7%;硕士 55 人,占41.67%;学士共 72 人,占 54.55%;大专及以下有 4 人,占 3%。从学历结构来看,博士和硕士学历比例较小,学士居多,这与教育部对教师提出的要求有一定的差距。因此,院校商务英语教师的学历进修工作需要进一步完善。

▶▶ 3. 商务英语教师综合素质统计分析

2016 年 12 月,深圳职业技术学院针对全国职业技术学院商务英语专业教师进行了抽样调查。根据对商务英语教师英语语言能力的重要性排序,可以得出教师对自身的语言沟通应用能力很看重,而最不担心英语学科基础知识能力;根据商务英语教师能力的重要性排序,教师最看重专业教学中融入相关学科知识和创造性地启发学生,教师不认为语言点的讲解和课堂教学有条理是高素质的表现;根据教师对教材和参考书的利用排序,专业教师看重教材和参考书的灵活性以及重点难点的把握,而不在乎教材的内涵和知识点信息;对商务英语教师课堂教学的讲解,专业教师最看重讲解的实践性和信息性;通过数据分析,得出商务英语教

师对自身广博的商务知识和一定的商务实战经验很重视,不太在乎精通某一领域或掌握前沿的商务知识;商务英语教师最看重自己的商务知识综合素质以及中英文双语教学能力,不太重视教学激情和教学方法的选择。

从专业教师对讲学的组织形式来看,大多数教师选择师生互动参与讨论或案例分析以及教师一人精讲,学生参与互动的形式,而不太喜欢选择以学生个人学习为主,教师指导或者纯粹的学生之间相互学习这两种方式。关于教师业务水平的排序,专业教师非常重视指导学生商务实践水平和专业课教学质量两个标准。

商务英语教师的各要素排序,可以得出:商务英语专业教师重视中英双语商务沟通能力的培养;在专业教学活动中,重视相关学科知识的贯通;在对教材和教参的利用上喜欢选择灵活性较强但又能把握专业知识的重点和难点的系列教材和参考书;在课堂讲解时,注重知识的实践性和信息性;对于商务英语教师自身的综合素质则看重商务知识的把握和双语能力的培养;对于专业教学组织形式,商务英语教师根据商务英语许可的特点,选择师生互动参与讨论或案例分析以及教师一人精讲,学生参与互动,符合商务英语专业的教学规律;就商务英语专业教学水平,专业教师更喜欢用指导学生商务实践水平和专业教学质量两个标准来衡量自己的专业水准。

(二)商务英语教师专业化的发展问题

我国商务英语教师专业化受到商务英语学科体系发展和制度发展等许多因素的制约,进展缓慢且效果欠佳。我国《教师法》虽然从法律上确定了教师是履行教育教学职责的专业人员,但对照职业专业化标准来看,商务英语教师专业化还很不完善。

▶▶ 1. 教师发展目标不明确

跨学科的交叉培养是商务英语师资培养的关键和核心,这就需要院校管理者和教育主管部门能高瞻远瞩,审时度势,以开放的眼光来扶植和管理商务英语专业教师向跨学科、复合型方向发展。院校应建立尊重知识,尊重人才的机制和模式;构筑团队的共同愿望形成持久发展的凝聚力;学院还应培养学习型组织,鼓励专业教师通过一定的平台的方式来引导专业教师加强交流即思想交流、教学交流、科研学术交流等,使教师能在教学工作中得到乐趣和持久发展的动力与创新意识。认真整合系部和专业教研室等组织,统筹安排好可以利用的各种资源。在此基础上,教务处、人事处和商务英语系通力合作,根据工作需要和教师个人特长和兴趣,帮助专业教师认清自我,明确发展目标和努力方向,制定出操作性强的具体措施。教务处和商务英语系部还应积极发挥教研室主任和骨干教师的作用,积极引导年轻教师走上教学、教改和科研学术的轨道上来。这样,商务英语师资队伍培养就有了基础和平台,就能培养出适应社会期望和促进专业发展的商务英语专业教师。

▶▶ 2. 教师的商务行业知识不强

江春,丁崇文认为商务英语教师首先是一名教师,他必须具备一个普通教师应有的师德师风、教学组织和管理能力等,作为一名外语语言教师,他必须要掌握听、说、读、写、译五项基本能力,丰富的英语语言基础知识和掌握多元化的商务英语教学法。而作为商务英语教师,他还应该具备其区别于其他英语教师的特色,主要指商务方面的专长和商务实践能力。

有学者指出,商务英语教师主要是普通高校的英语语言文学专业的毕业生,只有少部分教师是本科学英语专业,研究生攻读经济学相关专业的毕业生。这类纯语言出身的英语教师英语语言功底很深,英语教学法娴熟,但是缺乏国际商务背景,他们在商务方面的知识与能力较为贫乏,所以在上课讲解过程中缺乏对商务知识的敏感性,但国际商务英语教学中存在很多隐性知识,如果缺乏商务背景知识、行业操作惯例和程序,就不会真正意义上启发学生从商务活动的角度去思考问题。商务背景知识的不足和长期英语课讲授的习惯,使得不少商务英语教师面对商务问题时,无法深入浅出地给学生解释商务知识,这样势必影响教学效果。

王关富,张海森认为商务英语教师的能力要素构成与传统意义上外语专业教师的能力要素构成不尽相同。商务英语专业的学科特点决定了商务英语教师不仅具备较高英语知识和技能水平,同时还需要具备商科类专业知识、跨文化交际能力和商务实践能力。纯语言出身的教师很难将商务英语学习置身于真正的商务背景环境中。虽然通过自身学习和短期的培训能片面地了解商务背景知识,但这类教师缺乏相关企业工作经验和行业背景知识,对商务跨文化交际和对学生未来就业岗位也缺乏实践,因此也无法在商务英语实践中给学生以良好的示范和指导。但现实是这类英语教师是我国目前商务英语师资队伍的主要力量。

▶▶ **3.** 教师的商务实践能力缺失

国家中长期教育改革和发展规划纲要,指出要大力提高学校教师的专业教学和实践能力。商务英语教师作为英语和商务知识的传播者和技能的传授者,其实践能力的高低直接影响到学生商务实践能力的培养。而目前受到商务英语学科发展和制度的制约,商务英语教师的实践能力普遍低下。多数商务英语教师缺乏话语权,习惯按照学校制定的专业课堂理论教学,学校也缺乏有效的激励考评机制和体系来激励商务英语教师的专业实践。另外,商务英语教师缺乏入企事业实践的热情,由于商务英语专业招生人数的不断增加,商务英语专业教师数量上的缺乏,导致专业教师必须承担满负荷的教学任务。

因此,商务英语专业教师在学期中不可能抽出时间到企业锻炼,只能利用寒暑假下企业实践,由于时间紧促,基本上实践就成了走过场。另外,国家没有制定相关法规和规章制度来要求院校教师应该达到的技能标准和一定时期内培训提高的要求。因此增强教师实践能力提升的内驱力停留在学校层面上,由于学校的财力、人力和物力有限,加之院校对商务英语专业重视程度不够,导致商务英语专业教师下企业难。最后,企业接收商务英语专业教师实践热情不高,以湖南省为例:一是外贸企业相对较少;二是外贸企业单位规模有限;三是企业不太欢迎短期的商务英语教师实践,所以老师的一线企业实践大多都通过好友亲戚关系才能实现且效果欠佳。

商务英语教师实践教学能力不仅是商务英语"双师型"教师队伍建设的重要内容,而且还是提升专业教师职业教育能力的重要保障。笔者认为,对于商务英语教师而言,"双师型"教师的定义不是"双证书"型或者"双职称"型教师,而是"双能力"型的教师。即商务英语教师既能胜任英语语言技能教学,又能掌握相当的商务知识和一定的企事业单位工作实践经验,并能捕捉外贸行业领域的最新动态去指导商务英语专业学生实践和就业问题。

▶▶ **4.** 教师的培养保障机制有待完善

商务英语教师专业化面临诸多困难,首先是商务英语专业规模化扩张与教师队伍数量不足、质量不高的矛盾;其次是商务英语教师学历水平偏低,不能满足商务英语专业教学发展的需要,也难以在科研上有所建树;再次是商务英语"双师型"教师比例偏低,难以指导学生的专业实践教学;最后是商务英语教师进修形势紧迫,专业教师素质亟待提高,商务英语专业发展任重道远。商务英语专业教师专业化需要连续性的改革与建设,因此它需要一定的保障环境。具体如下。

一是需要政策上的支持,即国家和地方教育行政部门要出台具体的英语教师培养、选拔、评价及继续教育方面的相关政策,将商务英语教师同普通高校英语教师区分开来,制定符合教育要求的商务英语教师专业化规范。

二是需要物质上的支持。院校要为商务英语教师的行业企业实践行为提供充足的时间和资金保障。具体来说,设立商务英语专业教学实践奖、教育技术奖等奖励措施,调动商务英语教师参加教育教学改革的积极性,设立商务英语"双师型"教师建设专项资金,聘请兼职的行业和企业专家承担商务英语教师的实践教学指导工作,增强商务英语教师队伍的专业实践性。

三是需要精神上的支持。学校要重视商务英语教师专业化,制定相关政策来保护和支持专业教师的发展。商务英语系要积极推行商务英语教师开展实践性的专业教学改革活动,充分认识商务英语教学活动的重要性;关心商务英语教师的需求,倾听其专业化过程中的领悟和心声,激励其不断探索、反思和实践。

三、商务英语教师专业化建设

国外的商务英语教师专业化可供参考的模式微乎其微,且不符合我国国情;在国内,关于外语教师的职前教育、校本教育和职后教育的研究已经初步形成体系,但这些研究都是针对本科院校的英语专业教师和普通英语教师,对于商务英语教师的研究和发展缺乏针对性和实效性。因此,研究商务英语教师专业化有现实的指导意义和价值。

美国教育出版的《明天的教师》和《国家为 21 世纪准备教师》两份报告明确提出了"教师专业化"的概念,两份报告同时指出,建立符合教师职业相应的评价体系和评聘制度才是保证教师专业性地位的重要保障。教师专业化就是教师高素质和高技能的培养,教育主管部门和学校通过实施教师专业化的过程,达到确保学校对师资的需要。1995 年,第 45 届国际教育大会上,联合国教科文组织指出:"教师专业化是提高教师地位、教师专业知识和教师专业技能最高效的策略。"毫无疑问,确认教师职业的专业性和不断推进教师专业化的进程成了各级国际教育组织和各国政府努力的方向,也是世界各国提升国民素质和增强国家实力的重大举措。培养高技能型人才的关键是教师,所以商务英语教师专业化是商务英语专业发展要解决的核心问题。

2017年,教育部职成司司长黄宪在中国职业教育改革与发展论坛上明确坦言,我国职业教育面临两大难题,其一投入不够,其二师资不足。目前,商务英语专业的发展规模不断扩大,但从事商务英语教学的教师不仅数量相对偏少,而且专业教师的商务专业理论知识和商务实践能力相对薄弱,这与培养高端技能型人才培养目标明显不相适应。针对商务英语教师的数量不足、素质不高、保障不力等特点,笔者认为,首先要分析商务英语专业化的目标,大力扩充专业教师队伍的规模;其次,针对教师素质不高和专业性不强的特点,要建立针对商务英语教师"双师型"教师培养体系。另外,商务英语教师实践教学能力不强,因此构建和完善商务英语教师培养多元化平台势在必行,最后要积极主动地改革和完善商务英语教师专业化保障制度,为商务英语教师专业化扫清后顾之忧。

(一)明确商务英语教师专业化目标

结合已有的教师专业化的研究成果,通过剖析商务英语教师的内涵、特点、能力和素质,笔者认为商务英语教师专业化的发展目标应该从以下几个方面进行探讨:其一,商务英语教师的自身素质即教师自身的英语专业素质和商务专业素质;其二,商务英语教师还应该掌握相关的商务实践技能,并能够运用自身的商务实践能力和商务实践经验来指导学生进行商务实践;其三,具备对学生的行为、学习、交往、情感的指导能力、商务英语专业教学组织能力和实践指导能力等;最后,商务英语教师还需具有专业责任感和服务精神,为学生营造商务英语专业学习的氛围。

树立商务英语教师专业化目标首先要在入门资格上有明确的目标,即要求商务英语教师在具备基本的教师资格证之外,还必须拥有其他商务技术方面或经济方面的能力等级证书。二是在专业教学能力上,力求商务英语教师必须具备双重能力,即丰富的英语语言知识能力和一定的商务实践能力。三是商务英语教师在具备其他师德伦理的同时,还应该对商务道德和伦理有一定的了解,在商务实践教学的同时,让学生接受一定的商务道德和理论训练。四是在进修途径上,商务英语教师除了在高校和其他教师教育机构接受在职培训提高之外,还必须脱产到企事业单位接受有丰富经验的员工的指导,锻炼自身的商务技能。商务英语教师必须从以上四个方面认清自身发展的目标,才能称为合格的高素质商务英语专业教师。

(二)健全商务英语教师专业化培养体系

》》1. 商务英语"双师型"教师的培养

制定和完善商务英语"双师型"教师培养体系是确保商务英语教师专业化的必经之路,也是商务英语专业发展的核心问题。经过多年努力,商务英语教师"双师型"培养框架初步建立,尽管这一框架的基础还很薄弱,还存在许多困难。商务英语"双师型"教师体系的建立是个长期的、立体化的累积过程,主要内容包括商务英语教师的英语理论知识和商务理论知识的教育与实践技能的培养。

(1)商务行业知识的培养

商务英语教师应掌握系统的商务基础知识,即微观经济学、国际金融、国际商法、市场营销、国际贸易理论与实务、国际经济合作、中国对外贸易等学科知识。宏观层面上,教育主管部门要出台相关政策,要求本科院校(对外经济贸易大学)对商务英语教师进行系统的商务学科知识和商务英语教学法的培训,也可制定计划安排商务英语教师在国内外商务培训机构进修。

中观层面上,院校要积极展开校企和校际的交流和互动。学校要聘请企业行业专家定期来校讲学,积极争取他们对专业教师的支持与指导;同时,学校要加强与兄弟院校商务英语专业的联系,采取定期参观和开展座谈的形式进行校际互动与交流,此外,学校要出台相关政策安排专业教师下企业锻炼,了解商务行业最新动态和前沿知识以及提高教师商务实践能力;另外,学校应组织资历深的专业教师上公开示范课以供青年教师观摩和学习;也可组织青年教师上商务英语汇报课或举办全校或商务英语系的专业教学比武大赛;最后,建立校级商务英语专业教师的培养体系,让有经验丰富的教师"传""帮""带"青年教师,通过相互听课和经验丰富教师的现场评课达到对青年教师的指导和帮助。

微观上来说,商务英语教师要具有专业教师发展意识,即多维度的立体化吸收商务英语专业学科知识。首先要服从学校的安排,进行专业理论学习、参观座谈、下企业锻炼等;其次,教师要积极主动地阅读商务理论书籍,加强理论学习并自觉接受相关导师的理论指导,努力提高专业教学理论素养;另外,教师要积极参加学校不同专业系的学术讲座和座谈,增强学术氛围,开阔教师视野,使青年教师及时掌握商务英语专业发展的方向和最新的研究成果。最后,商务英语专业理论课教师要积极主动地承担实践教学和实习指导工作,使理论与实践紧密结合,锻炼和提高自身的综合素质。

(2)商务实践能力的培养

国家中长期教育改革和发展规划纲要(2010—2020年)中指出,教师专业化的目标是培养高素质和高技能的专业教师,其培养的主要内容体现在专业理论知识和专业实际操作能力,其重点培养的对象之一是能够同时进行理论教学、实践教学和指导学生就业的院校"双师型"教师。这充分体现了商务英语教师商务实践指导能力和指导学生就业工作的重要性,商务英语教师商务实践能力的培养既符合商务英语教师专业化的根本要求,又能适应院校商务英语专业生实习和就业的需求。

一是完善校内外实训基地建设。学校必须具有拓宽精神,统筹规划、争取政府、企业、社会各界的捐赠与支持来不断建设和完善商务英语校内实训基地,如建立多媒体语音室、商务英语谈判中心、商务仿真工作室等,这些校内实训场所不仅能充分发挥专业教师的实践能力,而且又能高效地指导专业学生的商务实践。其次商务英语系要以开放的心态办学,积极和企业深度合作,建立校外实训基地,校外实训基地是对校内实训基地设备和场所不足的有效补充。最后还要不断完善商务英语教师实训基地建设,疏通专业实训教师的来源和培训渠道,加快"双师型"教师培养步伐。

二是教育部等相关部委出台一系列政策,鼓励企事业单位愿意接纳商务英语教师下企事业单位锻炼,并积极配合院校搞好对商务英语教师的评估工作;院校需根据上级教育部门制定出商务英语教师下企业锻炼的政策和方针,积极稳妥地推进专业教师下企事业单位锻炼;专业教师则根据学校的要求在规定年限内获得"双师"资格后申请并通过企事业单位和院校的联合考核方能重新走上讲台,否则不能在院校担任商务英语教师岗位工作。

从学院层面上说,学院要积极制定商务英语专业教师到一线企业锻炼的管理机制和搭建专业教师的企业锻炼的平台,从制度上制约和管理商务英语教师的实践锻炼。其中最重要的管理制度就是专业教师下企业锻炼实效与教师的经济待遇挂钩,即经过企事业单位和院校联合考核之后,证明下企事业单位锻炼效果好的教师应该待遇从优,否则给予一定的惩罚。学院要成立专门的实训处,安排人员定期和不定期地到企业走访,听取企业领导和职工对下企业锻炼教师的评价与意见,以形成教师下企业锻炼的过程性评价。专业教师到企业锻炼之前,需要自身拟出锻炼计划书,并报学院实训处审批,以提高锻炼实效。要效仿国外专业教师下企业锻炼一样,做到学院和教师都要有计划,学校和企业都要严格考核其锻炼实效,并根据实效给予一定的待遇和奖励,或给予教师晋升的机会。

从企业(外经贸部门和单位或涉外企业)方面来说,企业对锻炼的商务英语专业教师要有系统的管理制度,要像对自己公司的员工一样管理,诸如实行考勤制度、请假制度、奖罚制度等,决不能搞特殊化。企业对锻炼的商务英语教师要指派专人指导,采取一帮一的指导,以确保锻炼实效。

》》2. 商务英语教师校本培养

校本培训是在教育主管部门和有关业务部门的规划和指导下,以学校为基本培训单位,以提高教师师德师风、教育教学能力为主要目标,把培训与教育教学、科研活动紧密结合起来的一种在职培训形式。商务英语教师校本培训旨在满足专业教师工作需要,其校本培训可以在商务英语系里进行,也可以联合其他系(金融系或管理系)进行,也可以两三所学校合作进行。目前,我国大多数院校都很重视教师的校本培训,但是对培训的内容、培训的方式缺乏系统性的设计和整体安排,导致培训往往流于形式,仅仅作为教师一项继续教育的任务或考核条件去完成,这不利于教师的专业化。

(1)职业道德建设

商务英语专业教师需要定期下企业进行锻炼,一部分企业为了吸引优秀的教师加入企业,往往会对专业教师提供丰厚的待遇和良好的工作环境,这对专业教师,特别是优秀的青年教师的道德价值观产生了不小的冲击;同时,社会上的急功近利、消极腐败等不良风气也逐渐侵蚀到高校校园;商务英语专业教师面对人事编制、教学工作量大、科研任务重、学历和职称等现实问题面前不同程度地反映出继续深造、离职跳槽、在岗不出力、在教不安心、违背职业道德等行为。这就需要对商务英语教师进行职业道德教育,帮助专业教师树立正确的职业观和价值观。商务英语的跨学科性同样对专业教师提出了很高的道德要求,比如要求教师通晓大量的商务礼仪和商业道德,在教学实践中要给学生灌输正确的职业观和道德观,比如保守商业机密,对企业忠诚等。

所以,我们要重视专业教师的职业道德建设,首先重视职前教育,在聘任新教师时严格把关,如重视新进教师的品行端正和诚实守信原则。其次,要求青年教师积极参加学校举办的强化职业道德的培训,以认真负责的态度,参加教育教学改革实践,投身学校各项工作;另外,严格执行学校纪律,主动积极完成各项工作;以学生利益为重,尽心尽力为学生服务;不做任何有损教师形象和身份的事情。最后在教学工作岗位、职称的评定、转换、提升过程中加强教师职业道德的要求与督促。

(2)多元教学法的培养

众所周知,教学质量的提高除了教师丰富的专业知识之外,还需要教师具备多元化的教学方法。商务英语专业的跨学科性需要其专业教师采用多元教学法展开教学,但大多数商务英语教师由于种种原因导致缺乏教学法研究与创新的意识,教师在课堂教学中不能灵活地运用各种教学方法,不能起组织、引导、启发和解答的作用,形成了以教师为中心的被动的学习局面,无法激发学生的学习激情。因此,加强专业教师教学法的培养势在必行。

其一,号召全校教师应树立教学法研究和创新的意识,优先发展创新型的教学方法和教学手段。实行导师负责制,由商务英语专业教学经验丰富、科研能力强的高年资教师担任指导老师,实行导师、青年教师"双向选择",双方明确各自的责任,再由指导老师根据培养目标制定出培养计划。其二,学校要定期举办教师教学比武大赛,通过教学比武不断探讨和总结出适合专业教学的多元教学法。

(3)现代教育技术的培养

随着信息技术的发展,教育的变革正在朝着教育信息化的方向深入。现代信息技术不仅仅是教师的教学工具,还是帮助教师获取信息、教学科研、培养能力和增长知识的一种手段。现代教育技术的发展为商务英语教师科学有效地把大量的专业知识和素养传输给学生提供了可靠的技术保障。作为高校,首先应帮助专业教师树立教育信息化时代的教育理念和教育思想,同时要向专业教师灌输掌握现代教育技术与教育手段的重要性。其次,高校应加强对专业教师信息素养的培养和提高,一是聘请校外行业专家采用集中短期培训方式,将传统课堂面授与教师网络自主学习相结合;二是充分利用高校资源采用校本培训的方式,使得专业教师的学习和工作两不误,起到优势互补的效果。最后,高校要不断加快现代教学技术的软、硬件资源建设。如加大对校园网、电子阅览室、多媒体语音室、商务英语谈判中心、商务英语实训中心、世界大学城空间等项目的建设。

作为教师,要转变专业教学思想观念、增强教育技术能力意识,不断促进自身现代教育技术水平的提升。通过培训和自我学习,掌握现代教育技术的基础理论、课程技术、学科教学设计能力、教育技术与商务英语学科的整合与应用能力,利用教学资源和多媒体网络对商务英语教学开展研究,诸如商务英语教学的学习资源、教学过程、教学设计、课程开发、技术应用、技术管理、教学评价、课程整合等,以此促进教师转变教学观念、改进教学方式、提高科研能力、促进专业发展。商务英语教师可充分利用现代教育技术和相关平台进行商务英语学术研究和教学改革、撰写科研论文、著书立说、以此促进青年教师教改和科研活动,不断提高专业教师教学和科研水平。

(4)科研能力的培养

商务英语专业教师在科研研究上表现出教学任务繁重,无法顾及教育科研,同时对教育科研存在认识误区;科研意识不强、科研综合素质不高、造成科研研究难度加大;另外,商务英语教师的科研项目申请难度较大、科研项目经费不足以及科研成果发表难。高校的科研管理体制不够灵活,科研评价体系数量化、等级化,对商务英语学科科研存在观念偏差,支持力度不够,忽视了对商务英语专业教师的人文关怀。

为此,院校应该鼓励商务英语教师进行商务英语学科的科研工作,对青年教师商务英语类课题立项加以引导和管理,帮助青年教师搭建商务英语专业科研的平台。另外,建立商务英语专业科研团队,帮助专业教师形成团结合作的科研氛围,提高商务英语专业教师群体参与商务英语科研的积极性。最后,聘请国内知名商务英语专家进行不定期的讲座,帮助商务英语教师了解商务英语专业的最新动态和前沿知识,以此来促进专业教师科研能力的提高。总之,院校必须从实际出发,统筹考虑,积极探索商务英语专业教师教育科研能力培养机制,提高专业教师的科研能力。

》》 3. 商务英语教师多元化培养平台建设

(1)校企合作培养平台

商务英语教师的素质和能力是商务英语专业教育质量的必要保障,校企合作为商务英语教师专业化的发展提供了平台和条件,使得商务英语专业教师不仅能深入了解企业与行业,了解企业和行业对专业的人才需要,而且教师通过深入一线企业的调研和具体实践,掌握专业前沿学科知识的发展动向和实现理论知识与实践的有机结合。

一是政府应在资金和政策上大力扶持商务英语专业教师的培养。政府和教育部门应建立校企合作的法律和制度来有效地指导政府、行业和企业建立校企合作教师培训基地,联合本行业有代表性的企业对商务英语专业教师在职业课程开发、职业技术应用能力和专业实训实习等方面进行培训。

二是院校与企业互派师资,夯实师资队伍素质。一方面,通过聘请国内外知名涉外企业的专家,技术骨干到校任教,提高专业教师队伍的素质;另一方面,通过统筹安排,送商务英语专业教师参加职业技能实践,接受社会和企业教育,增长见识,提高技能。

三是院校和商务英语行业强化专业教师实践训练。通过与企业合作,分期分批安排专业教师到涉外企业进行专业实践训练,定期参与涉外企业的运作,或进行专业的社会调查,了解商务英语专业的发展趋势和研究动向,以便在教学中及时补充商务英语专业最新知识和发展方向,提高商务英语教学质量。政府、行业和企业应建立商务英语专业"双师型"教师认证机制,院校和企业应建立完善的商务英语教师培养和培训机制。

此外,政府应建立加大对商务英语教师国培计划和商务英语专业青年教师企业实践项目的广度和深度,着力培养一大批商务英语专业"双师型"专业骨干教师。只有这样,才能培养出教学一线需要的"下得去、留得住、用得上",实践能力强、具有良好职业道德的高技能商务英语专业教师。

(2)国内外院校和培训机构培养平台

国内外院校和培训机构的平台为商务英语教师专业化开辟了新的思路,商务英语的跨学科性和国际商务实践性决定了商务英语教师需要到国内外高等院校或培训机构接受培训。第一,教育主管部门和院校制定相关的政策和措施,定期选派商务英语专业教师到国外高等学校或培训机构进修,通过国际合作学习国外商务英语专业先进的教学理念、丰富商务英语教师的专业视野、掌握先进的商务英语前沿理论知识和实践技能;第二,教育主管部门和院校也可派遣商务英语专业教师到国内高等学校做访问学者,培养商务英语教师的业务水平、专业教学能力、专业实践能力、跨文化交际能力、科研能力、创新能力以及指导学生商务实践的能力。

（3）国内高专师资培训基地平台

为了提高院校教师专业发展水平,教育部高等教育司已在天津、上海、深圳、宁波等建立了50多个全国高专师资培训基地,基地培训旨在提高教师的职业教育理论水平、专业基础理论、实践能力与专业技能。但目前,在我国所有的职业教育师资培养培训基地中,针对商务英语专业教师的培训基地或项目很少,根本不能满足日益增大的商务英语教师队伍的需求。建议教育主管部门制定出关于商务英语教师的师资培训项目,院校制定相关培训政策并提供必要的培训经费,分批派遣专业教师参加培训,不断丰富专业教师的理论教学水平,锻炼专业实践能力,更好地满足商务英语专业的理论学习和专业实践。

(三)完善商务英语教师专业化保障制度

教师专业化不仅是一种观念,更是一种制度;这是因为教师专业化是教师职业自身的专业技术性特征与相关的管理制度相结合的结果,没有与之相配套的制度建设,教师专业化是不可能实现的。商务英语教师的专业化离不开政策和制度的支持和保障。笔者认为,商务英语教师专业化所需要的基本制度应当包括教师的评聘制度、薪酬制度、激励制度和自我反思制度等。

》》 1. 改革商务英语教师的评聘制度

教师聘任制在促进人才合理流动的基础上,可以激发广大教师的责任感,调动起他们工作的积极性,使教者乐"教",有助于教育质量的改善,也有利于教师地位的提高。商务英语教师职务评聘是商务英语专业发展的重要内容,搞好专业教师职务评聘可以充分调动教师的积极性和创造性,激发教师钻研业务、促使教师安心教学,更好地履行教书育人职责,可以有效地促进教师进行教学和课程改革、提高教师的科研意识,最终实现商务英语专业教学质量和教师师资队伍的整体素质的提高。

一是院校应在政府的宏观指导下,根据地方经济社会发展需要,制定出适应本地区经济社会发展的商务英语师资队伍建设总体规划,研究和制定与《职业教育法》《教师法》相配套的学院法规,使院校在开展商务英语专业教师资格认定、任用、职务聘任、培养培训、流动调配时便于依法操作。

二是政府应根据师资队伍培养目标建立商务英语专业教师评价标准。标准应包含商务英语教师具备的基本素质标准和专业素养标准,基本素质标准是指从事教师职业所必须具备的思想素质、理论知识与能力。它涉及教师的政治观、人生观、道德观、科学文化基础知识、教育理论与技术、课堂组织技术等。专业素养标准是指教师从事专业教育所必须具备的相关专业理论与职业技能的结合。

三是院校应根据商务英语专业的特点制定出商务英语教师专业化的政策和制度,来指导商务英语专业教师在教学、教改、科研、实训等方面的提高和发展。

四是实行商务英语专业教师的定期再认定制度。商务英语的跨学科性和商务实践性需要商务英语教师的专业知识与实践技能必须适时更新,跟上商务发展的步伐。商务英语教师专业化是专业教师在整个职业生涯中不断接受和巩固新的商务理论知识、增长商务实践能力和积累商务实践经验的过程。

所以,要实行动态的教师资格制度,要根据商务英语教师的年龄、教龄、学历、教学能力、实践能力以及教师继续学习等方面的情况实施动态的商务英语教师定期再认定制度。有效期满,专业教师如要继续执教须重新参加考试和审核,考试合格、审核通过后方可获得新一级的教师资格证书,形成"双师型"教师——专业骨干教师——专业带头人——教学名师的逐级递进的教师资格证制度。在制度上确保教师职业素养的不断提高,建立促使教师不断学习、终身学习的动力机制和约束机制,保证教师专业知识和专业技能的不断巩固和发展。

▶▶ 2. 优化商务英语教师的薪酬制度

早在 1966 年 10 月,联合国教科文组织在法国巴黎召开了一次关于教师地位的各国政府间特别会议。其中第 115 条明确提出应保证教师本人及家属的合理的生活水平,并提供相应的物质条件给教师做进一步进修和参加文化活动;第 123 条还指出考虑到生活成本的上涨、国内生产力提高带来的生活水平的提高、工资或收入的普遍增长等因素,教师的工资标准应定期地加以研究讨论以适应社会经济的发展。

在我国,教师职业是一种付出与收获不平衡、职业声望显赫而物质待遇贫乏的职业。促进商务英语教师专业化就需要解决专业教师的经济地位不高的问题。应该承认,随着社会的发展,教师的薪金确实有所变化,但变化的幅度与频率差强人意。特别是商务英语专业教师对英语和商务的要求很高,不少有实力的专业教师因薪金问题纷纷跳槽、改行,这不利于商务英语专业发展,如何优化商务英语教师的薪酬制度迫在眉睫。

首先要落实商务英语教师"岗位工资绩效工资"的薪酬模式,打破大锅饭的分配体制;与此同时,建立科学的考核评价体系,结合商务英语专业教师的特点,分别从专业教学能力、专业科研能力、专业实践能力和专业指导能力等四个方面进行量化评价,这样有利于解决商务英语教师队伍的成本效益和薪酬激励效果。其次,为了从企事业单位引进拔尖商务英语专业人才,院校可建立动态的薪酬制度,制定单独的优惠政策,比如科研启动费、安家费、安排办公用房、安排子女就学和协助组建科研团队等措施来吸引拔尖人才。另外,院校要健全商务英语专业教师的福利制度,除国家法定的住房、医疗和养老保险之外,还可以根据商务英语教师的特点设置针对性较强和相对灵活的福利制度,来保障专业教师的利益和稳定教师队伍。比如商业保险、购房购车资助计划、休闲旅游资助等。

3.建立商务英语教师激励制度

商务英语专业教师需要有丰富的英语和商务理论知识、一定的商务背景知识和商务实践技能,这需要专业教师不断地学习充电来丰富自己的商务英语专业知识体系,那么如何激励商务英语教师,笔者认为可以从以下几方面来激励。

第一,要有目标激励。院校要根据本校和专业教师的实际情况,制定出商务英语教师长期和短期的奋斗目标,并由学校督导团实施监督。第二,要有物质激励。只有保障了商务英语教师的基本生活才能使教师专注于工作。第三,要有福利激励。为商务英语教师提供工资以外的福利待遇,比如采取带薪休假、商务校外实习补助等形式来激励教师。第四,要有职业发展激励。即对表现优秀的商务英语教师提供升迁和提拔的机会,这样专业教师不仅获得了更大的发展空间也是对自我价值的一种肯定。第五,要有精神奖励。首先,学校和系部领导可以实施情感激励,让专业教师有归属感和责任感,其次,学校和系部应该要以身作则,要树立优秀的榜样。此外,学校和系部领导要施行精神奖励政策,把精神奖励和工作业绩、晋升机会、评先评优挂钩,激励专业教师获得荣誉或为荣誉努力工作。

4.建立商务英语教师反思制度

西方具有影响力的几种反思性教学模型主要代表有埃拜模型,爱德华兹-布朗托模型,拉博斯凯模型、考尔德希德模型和布鲁巴切尔模型。这几种模型的内涵都突出了反思过程促进教师本身的提高。埃拜模型则要求教师的伦理道德水准提高的同时，几种基本技能得到发展。而布鲁巴切尔则在反思这一环节中特别强调教师发现问题、解决问题的能力的培养。范良火在《教师教学知识发展研究》中明确提出教师自身教学经验和自我反思是教师教学知识的重要来源之一。

可见，教师反思对于教师个体的专业发展是十分重要的。商务英语教师应立足于商务英语专业的跨学科性等特点，多视角、多层次反思商务英语专业教学、教改和科研学术等。尽管大多数教师已认识到反思是教师专业发展的重要因素，但真正适合教师反思的模式却微乎其微。荷兰学者科瑟根根据自己的理论和实践，创造了涉及以下5点的教师反思模式，即：

（1）行动：反思首先需要教师进行自我实践；

（2）回顾行动：教师需在教学活动结束后对教学方法和教学内容进行回顾，发现不足或需要改进的地方；

（3）意识到主要问题所在：教师通过对教学实践的快速回顾，找出影响教学效果的主要问题；

（4）创造别种行动方案：教师在分析问题和不足的前提下，找到新的行动方案；

（5）尝试：教师对新的行动方案进行尝试，即尝试新行动。

笔者认为，商务英语教师应根据科瑟根的反思模式来建构自己的反思实践。孔子曰："学而不思则罔，思而不学则殆"。

知识结构不是在设想中形成的，而是在积极的思维中形成的。因此，商务英语教师需要在教学实践中不断开展教学、教改。科研学术反思，在教学过程中将实践和理论紧密联系起来，使自身的"教学经验"和"自我内在知识"都参与到知识的建构中来。"反思型"教师的主要锻炼方法有通过微格教学、教学日志、教师学习审计、角色模型等方式对自己的教学实践进行观察、分析、总结，从而达到改善实践、提高教学能力和水平的目的，更好地定位和塑造自己。

四、商务英语教师专业化发展研究

在我国，商务英语学科起步较晚，学科发展的相对滞后性制约了院校的商务英语教师的研究和发展。目前，院校商务英语师资力量堪忧。具体来说，一部分商务英语专业教师来源于普通英语教师的转型，他们英语语言功底扎实，但缺乏相关行业背景知识和企业一线工作经验。一部分教师来源于国际商务和国际贸易专业老师的转型,他们有着丰富的商务理论知识和一定的商务实践技能,但他们缺乏良好的英语语言知识和能力。

新招聘的本科院校商务英语专业毕业生虽具有较扎实的英语语言和商务理论知识,能熟练运用网络和多媒体现代教学手段,但他们缺乏教学经验、专业实践经验和行业一线经历。转行的一线企业员工虽有丰富的行业一线经验,了解商务运作模式,但他们缺乏系统的教学理论知识和教育实践,导致教学手段单一、师生沟通障碍,同样也不能很好地胜任商务英语专业的教学。我国院校商务英语专业教师的主要四种来源均有一定的不足,而这些不足严重制约了商务英语专业教学和实习实训的发展。因此,构建适用于我国商务英语教师专业化发展体系对商务英语专业建设有现实的指导意义和价值。

(一)教师发展目标不明确

跨学科的交叉培养是商务英语师资培养的关键和核心,这就需要教育主管部门和院校管理者能高瞻远瞩,审时度势,以开放的眼光来扶植和管理商务英语专业教师向跨学科、复合型方向发展。

(二)教师的商务行业知识不强

江春、丁崇文认为商务英语教师首先是一名教师,他必须具备一个普通教师应有的师德师风、教学组织和管理能力等,作为一名外语语言教师,他必须要掌握听、说、读、写、译五项基本能力,丰富的英语语言基础知识和掌握多元化的商务英语教学法。而作为商务英语教师,他还应该具备区别于其他英语教师的特色,主要指商务方面的专长和商务实践能力。王关富、张海森认为商务英语教师的能力要素构成与传统意义上外语专业教师的能力要素构成不尽相同,商务英语专业的学科特点决定了商务英语教师不仅具备较高英语知识和技能水平,同时还需要具备商科类专业知识、跨文化交际能力和商务实践能力。

(三)教师的商务实践能力缺失

国家中长期教育改革和发展规划纲要(2010—2020 年)指出,要大力提高学校教师的专业教学和实践能力。而目前受到商务英语学科发展和制度的制约,商务英语教师的实践能力普遍低下。多数商务英语教师缺乏话语权,习惯按照学校制定的专业课堂理论教学,学校也缺乏有效的激励考评机制和体系来激励商务英语教师的专业实践。另外,教育主管部门没有规章制度来要求院校教师应该达到的技能标准和在一定时期内培训提高的要求。因此增强教师实践能力提升的内驱力停留在学校层面上,由于学校的财力、人力和物力有限,加之院校对商务英语专业重视程度不够,导致商务英语专业教师下企业难的现状。

(四)教师的培养保障机制有待完善

商务英语教师专业化面临诸多困难,首先是商务英语专业规模化扩张与教师队伍数量不足、质量不高的矛盾;其次是商务英语教师学历水平偏低,不能满足商务英语专业教学发展的需要,也难以在科研上有所建树;再次是商务英语"双师型"教师比例偏低,难以指导学生的专业实践教学;最后是商务英语教师进修形势紧迫,专业教师素质亟待提高,商务英语专业发展任重道远。商务英语专业教师专业化需要连续性的改革与建设,因此它需要教育主管部门出台政策,院校制定措施来保障教师专业化发展。

第二节　商务英语教师专业化建设措施

商务英语人才在促进国家经贸合作和商务交流的活动中发挥着越来越重要的作用。但是,我国商务英语教育起步晚,人才培养规格参差不齐,在一定程度上满足不了社会对人才的需求。商务英语教师素质是影响其教学质量的关键因素。如何高效地提升商务英语教师专业素养和能力,推进其专业化发展水平就成了商务英语学科建设中的当务之急。本节提出了商务英语教师专业化发展路径,对其学科建设和人才培养质量的提高有着重要的现实意义。

一、专业人才培养需求的教师发展研究

商务英语作为一门交叉学科,其教师发展研究一直备受关注,诸多学者从不同视角进行了相关探讨。该研究可分为三个研究阶段:第一,语言教师发展研究

阶段。Ellis 和 Johnson、申厚坤从语言教师的角度来衡量商务英语专业发展水平，注重教师的专业知识和教学基本功的发展和提高。第二，ESP 教师发展研究阶段。陈冰、查爱萍等认为商务英语教师除应具备扎实的英语语言知识、教学实践能力和教学理论知识之外，还应通过专业实践巩固专业理论知识。第三，"双师"教师发展研究阶段。研究人员将研究重点放在"双师"商务英语专业教师发展上。陈小燕、田文菡、张志强等提出如何构建教师的培养体系，完善师资管理机制，制定教师发展的政策机制等。

教师发展问题的研究分为两大类：其一，强调从社会、组织的要求出发，侧重研究教师发展的外部条件，诸如教师的准入和选拔机制、职前教育和在职培训、教师团队的管理和激励等问题；其二，强调从教师的主体性要求出发，侧重研究教师发展的内驱力和教师的内在发展，诸如教师教育教学能力、学习能力、研究能力等。本研究既涉及外部条件对教师发展的影响，也包含对教师自我发展的研究。

近年来我国商务英语专业教师发展研究取得了一定成绩，但也存在诸多问题：第一，研究角度多以宏观教育政策为主，脱离专业人才培养目标孤立地探讨教师发展。第二，提出的观点大量雷同，缺乏有创新性的见解。第三，研究对象未能理清概念，将公共英语教师与商务英语专业教师混为一谈。教师专业发展水平是培养高素质人才重要的保证，是教育能否办出特色和水平的关键所在。同时，教师发展和学生发展也是互为条件、互相促进的。本研究通过对商务英语专业人才培养目标中专业知识、专业能力和专业素养进行分析，设定商务英语专业教师标准。再依据此标准对教师专业化发展现状进行调查，最后提出商务英语专业教师的发展应以商务英语专业人才培养目标为中心。

（一）商务英语专业教师标准

建立标准是教师发展评价实施的基础。有了标准，教师发展方向才得以明确。以专业培养为核心是商务英语教师发展的目标和要求。商务英语专业总体目标是培养具有语言能力、商务知识、综合实践技能的复合型应用型商务英语人才，其专业服务面向培养涉外企事业单位的业务员以及涉外文员等。具体专业目标概括为：

（1）专业知识，即该专业领域的基础知识，包括英语和商贸知识；

（2）专业能力，包括英语应用能力、商务业务能力和综合实践能力，以及在实

际中新知识、新技术的应用能力;

（3）专业素养,包括职业道德素养及商贸业务素养,要培养这样的学生,必须有配套的高水平教师。

通过对商务英语专业人才培养目标中的专业知识、专业能力和专业素养进行分析,研究认为商务英语专业教师应具备以下素质:

（1）专业素养,具有良好的专业素养,包括德才素养、心理素养和人文教育素养,以及相应的教育教学知识。懂得基本的教学技能方法,会运用现代教学技术,将满足学生的需求作为首要任务;

（2）专业知识,具有精深的英语语言知识和商务知识;

（3）专业能力,具有英语应用能力、商务业务能力、教学及科研创新能力和丰富的综合商务实践能力。

（二）商务英语专业教师发展的现状

为了更好地了解商务英语专业教师发展的现状,我们向广东省内院校在职商务英语专业课程教师发放了问卷,回收了 110 份,有效问卷 105 份。问卷由两部分构成:第一部分为教师背景情况;第二部分为教师专业化发展情况。问卷共 21 题,其中 15～20 题采用 Likert 五级量表的形式。该调查主要包括教师的教学、科研、在岗培训及企业实践情况。此外,还调查了教师对专业发展的意识、态度和期望等。

▶▶▶ 1. 调查结果分析

（1）师资学历教育结构有待优化。被调查教师中,91％为英语专业毕业,其余为管理学、经济学、金融学或其他专业毕业。英语专业毕业教师拥有语言优势,但缺乏相应的商务类专业知识,商科专业毕业教师大多英语水平有限,难以有效地将商务知识与英语语言有机结合,因此学历结构有待优化。

（2）双师资格教师大多有数量无质量,有名无实。75％被调查教师除了拥有教师资格证之外,还有与本专业相关的中级以上行业资格证书,符合双师条件,但45％的教师从未有企业实践经历,32％具有累计一年以上企业实践经验,而只有15％的教师来自企业。虽然具有双师资格的教师数量达标,但真正具备双师能力的教师并不多。

（3）教师在岗培训重理论轻实践。教师接受培训较多,一年接受两次以上培训的教师占43%。从培训的内容看主要是语言文化类培训,占总数的55%,商务知识类培训占总数的30%,教育理论类培训占总数的77%,教师到相关企业进行实践的仅占总数的11%。以上培训对他们教育理论知识的提高有很大帮助,但是对教师商务实践方面的帮助却微乎其微。

(4)教师专业发展不平衡,路径有限。教师主要通过阅读书籍来提高自己的教师专业水平,占总数的77%,选择参加企业社会实践进行自我提高的占总数的55%,通过主持或参与课题研究的方式进行自我提高的占总数的51%。问卷中"影响您校内教学效果的主要因素"一项的调查反映出:影响教师专业化发展的因素主要有教师的商务英语语言技能、教师的商务专业知识和水平、教师对教学的态度(师德)以及教师的相关企业实践经验等,其中教师的工作态度被认为是最具影响力的因素。关于影响教师进一步提高专业发展能力的因素,学校缺乏相应的激励措施、缺少进修培训的机会、得不到专业指导位居前三位。

>> **2.调查结果讨论**

总体上看,商务英语专业教师队伍学历较高,年龄结构合理,有一定的教学经验,但专业背景以英语为主,大多数教师缺乏商务专业知识,也缺乏商务实践经验。具备双师资格证书的教师比例不小,但具备双师能力的教师却不多。教师接受培训主要以语言文化知识、教育理论知识为主,缺乏商务专业知识培训和实践培训。值得注意的是各类在职培训中课堂培训占绝大多数,企业在岗培训或企业挂职锻炼培训非常少。关于影响教师专业发展的因素中,学校缺乏相应的激励措施被认为是最重要的因素。

另外,制度不健全,没有形成商务英语教师职业培训体系,没有将教师职业教育常规化,也没有与教师职业发展挂钩,也使得教师缺乏专业发展的动力。最后,由于培训没有针对性,教师们得不到专业指导,也无法调动其参与的积极性。关于教师有待提高的技能方面,排在第一位的是商务知识,其次是商务英语基本技巧,其后是现代教育技术以及商务实践。这一结果与91%教师的教育背景是英语语言有关,他们感到商务知识匮乏,希望得到加强。同时,他们也认识到商务实践的重要性,但相比之下,商务知识更容易从书本和网络获取,商务实践则需要较多的外部条件支持。

（三）商务英语专业教师发展的途径与策略

文秋芳和任庆梅指出：外语教师教育不仅关心教师应该拥有的知识结构与能力，而且注重探究教师获取知识与能力的途径。研究教师发展的终极目标有两个：一个是探究促进教师自身发展的最佳途径与机制，从而使每个教师能够在比较理想的环境中得到不断提高；另一个目标是寻找教师发展与成功培养学生的最佳接口，或者说追求教师与学生同步发展的完美结合。为实现师生共荣，教学相长，将商务英语专业教师发展与商务英语专业人才培养目标有机结合，树立以人才培养为核心的专业教师发展理念，促进商务英语专业教师素质的提高，实现上述商务英语教师发展目标，可以加强以下几个方面的工作。

➤➤ 1. 设定职前教师准入条件

加强在职教师专业培训和实践能力，以满足社会对人才培养的新需求。对比德国等职业教育发展较成熟的国家，我们尚缺乏系统的教师职前及职后培养体系，绝大多数商务英语教师从高校英语专业毕业直接进入职教系统，缺乏商务知识和企业实践经验，只是将自身接受的学科知识运用在教育的课堂上，往往造成内容与实践脱节，无法满足教育专业人才培养的要求。根据商务英语专业人才培养目标的要求，商务英语教师需要具备基本的教育理念、扎实的英语知识与技能以及丰富的商务知识及实践经验。因此，准教师们除须具备相关专业的学历学位外，还须具备专业相关企业累计至少两年以上的工作经历，还需要参加一定课时由各级教育主管部门组织的有计划的各类系列培训，既包括宏观也包括微观的专业培训，如教育教学、英语、商务、经贸知识技能及教学培训、实践教学体验等。

专业培训师资可以是知名商科教师或外贸企业专家。培训地点可在校园或企业里，也可以在国内外，还可通过网络。培训结束可以安排相应的理论和实操考核，以保证培训的质量。有了准入条件，有志从事教育的高校毕业生或企业人士可以根据所需条件来选择各种类别的职前培训，在职教师可根据需要不断发展职业技能。因此，职前和职后培训是教育部门一项长期的常规工作。对在职商务英语专业教师，有能力的教学部门可以通过独立或与外贸企业联合组建公司、工作室、事业部等形式，为教师提供企业实践的场所和途径。教师也可以自己组建外贸公司或翻译工作室，或与相关公司共建，这既可以解决部分教师和学生的企业实践问题,又可以发挥他们各自专长,为社会提供智力服务。

>> **2.** 运用多维度合作教学和项目团队

促进商务英语教师专业发展,实现人才培养目标,人才培养目标由若干知识、技能和素质模块构成,模块间互为衔接,互相关联,共同支撑整个人才培养体系。为更好地为人才培养目标服务,院校教学部门应尝试突破传统教学方式,实现教育培养目标。课堂教学是教师的日常职业生活,是他们传道解惑、培养学生的重要手段,也是他们自己成长、发展的实践途径。首先可以组织教师在课程教学中进行合作式教学,McDaniel 认为:师师合作,无论在学科内或者学科间,都能丰富和提高教师教学和学生学习质量,特别是能提高他们的综合思考能力。

Quinn 指出:合作教学有助于增强教师积极性,提高教学效果;由于教师之间不同的个性和专业取向,师师合作使得教师对课程内容和教学手段有更深入的认识,通过师师合作实现教师专业发展,这本身对大学而言投入不大,却能产生无法估算的有用价值。"合作"可以是单一课程内部不同教师间合作,不同课程间教师相互合作,新老教师合作,校企教师合作,还可以是国内外教师的合作等。合作可常规固定,也可以是短期专题的。

商务英语专业的部分课程需要教师既有良好的英语语言技能,又有系统的专业知识。而目前大部分商务英语教师是语言专业出身,弥补商务知识的空缺需要相当时间的学习和积累,鉴于此,可让语言教师、专业课教师和企业专家合作,由专业教师先讲解专业背景知识,由语言教师进行工作场景英语的强化,再请企业专家进行实操实践。如对教师综合能力要求较高的课程像《商务英语谈判》,可以采用这种合作的教学模式。对于实操性较强的课程如《外贸单证实操》《外贸函电》则可以由校内专任教师与外贸企业有制单经验的兼职教师共同授课,校内专任教师负责书本上理论部分,企业教师负责单证缮制等实践指导。

其次,可以组织商务英语教学团队的校企教师共同研究人才培养方案的制定和实施,推动教师积极参与教学目的与教学内容设计的全过程,扩大教师的自主权,促进课堂教学合理化。另外,还可以组织项目团队合作,由专业带头人、课程负责人、业务骨干等业务能力强的校企教师牵头共同申报课题、精品课程、网络资源共享课程,以及参与教材编写等。团队成员可以有校企教师和外教,团队主持可以根据教师特长进行分工,集思广益,共同攻克教育教学中的难题,并从不同维度创出成果。

合作式教学和项目团队能够保证每门课程在专业人才培养体系中不会因教师自身能力所限而偏离培养目标,既分享理念和资源,提高了教学效率和效果,也保证教师在教学中能够根据人才培养的需要发挥各自的特长,共同发展。在建构主义看来,理想的学习环境应当包括情境、协作、交流和意义建构四个部分。同样,商务英语教师发展的理想环境也应该是为教师在企业一线实践锻炼和学校教学实践场景中创造基于学习共同体的协作、交流和意义建构的理想学习环境。比如,我们要建立学校教师和企业员工学习共同体,利用学习共同体来促进教师以及员工个体和群体的专业发展。

▶▶ 3. 校内商务英语教师企业实践和企业骨干学校授课常规化、制度化

确保人才培养不偏离社会需求,教育的培养重点是学生的动手能力和解决实际应用问题的能力。对于商务英语专业来说就是能够在商务工作环境,用英语沟通处理商务业务的能力。职业教育发达的国家都非常注重教师的企业经验,在丹麦、澳大利亚、日本和新加坡等国,从事职业教育的教师除具备相应的学历外还须在企业有至少 5 年的专业实践工作经历。目前院校在职商务英语师资中最缺乏就是企业实践经验,弥补方法就是定期派专任教师前往与专业相关企业实践锻炼、兼职或进行项目合作,时间可以是半年左右,但学校一定要有配套支持政策。

教师企业实习应与他们教学或科研工作同等对待,校企共同参加考核,给予计算工作量并纳入年终考核及评先评优,从而使教师企业实践不流于形式。另外,教师下企业实践锻炼在管理上要常规化,在制度上应予以保证。而企业能工巧匠到学校授课也应该制度化,如借鉴德国经验,由国家和各级政府予以支持,规定企业接受并指导实习生是其不可推卸的责任和义务,并给予政策和经费支持。只有校企教师密切合作,商务英语教师才能良性发展。

▶▶ 4. 完善激励机制

为促进商务英语教师自我发展,达到教师自我发展与人才培养的要求,要解决商务英语教师发展问题,既需要外部条件的推动,又需要教师的内驱力和内在发展需要。校方应建立和完善商务英语教师评价体系。目前,大多数职业院校主要依据教师的职称级别发放相应的工资、待遇和其他福利,导致大部分商务英语专业教师依然把工作重心放在教学科研能力的提高上,而与专业人才培养密切相

关的企业实践往往被置于次要地位,直接导致教师缺乏实操经验,影响人才培养质量。

提高商务英语教师专业发展意识的根本之道是有相配套的管理制度和激励机制。通过相关政策引导,将教师的自我发展与人才培养对教师的要求相结合。我国各院校可借鉴台湾经验,从教学、科研、课程与专业建设和社会服务四个方面对教师进行综合评鉴。对于在学生实习指导、企业实践、社会服务以及校企合作方面有突出贡献的教师给予奖励,并与绩效考核职称评定挂钩。以此引导教师按照商务英语教师标准轨迹发展。

▶▶ 5. 专业教师自主发展

主动构建与人才培养需求适宜的知识技能体系,建构主义理论认为,学习是学习者的一种自主的、积极主动的知识建构过程。学习者不是被动的信息吸收者或外部刺激的接受者,他要对外部信息进行选择和加工,要以自己原有的知识或经验为基础对新的信息进行编码,从而建构自己的理解。当我们用建构主义的学习观来思考商务英语教师的发展时,我们不应该把其看作是一个简单培训的过程,而应该把商务英语教师的发展看作是一个教师专业知识逐渐丰富和专业技能逐渐提高的持续努力的过程,是教师在学校教学实践和下企业一线实践锻炼之间不断互相交替的过程。

二、微课促进院校商务英语教师专业化发展

近年来,教师专业化发展一直是教育界比较关注的话题。高等教育的发展、提高高等教育的质量离不开高校教师的专业化发展。建立一支教学理念先进、专业知识扎实、综合素养高的专业化师资队伍,成为提高高等教育人才培养质量的重点之一。微课作为新兴的信息化教学手段之一,有其独特的优势,对促进高校教师的发展也起着重要的作用。

(一)微课的概念与特点

到目前为止,国内对于微课的概念还没有统一。胡铁生教授认为微课是以微型教学视频为载体,针对某一知识点或教学环节而设计开发的一种情景化、支持

多种学习方式的在线视频课程资源。对微课的定义虽然没有统一,根据其特点大体可以归纳如下:

(1)时间短;一般微课的时长在 5～15 分钟之间,对于 45 分钟一节课的传统课堂来说,显得十分微型;

(2)教学内容集中;一节微课一般选取一个知识点进行讲授并突出强调这一知识点,教学内容精练;

(3)教学资源丰富;微课是一个完整的教学知识点讲授过程;集音频、视频、动画、多媒体课件于一体;主题鲜明,内容丰富;

(4)便于传播;微课时间短、容量小,可以通过网络平台、手机播放等形式进行传播,十分方便。

(二)院校商务英语教师

高等职业院校商务英语专业是一个商务知识与英语语言知识相结合的专业。专业的实践性很强,要培养的是既具有扎实的英语语言知识,又具备较强的商务实践能力的人才,对专业的师资水平要求很高。如何提升专业教师的专业化水平,迫在眉睫。

(三)高校教师专业化发展内涵

教师专业化发展是指教师作为专业人员,在专业思想、专业知识、专业能力等方面不断发展和完善的过程。对于高校教师个人来说,即提高自身的专业知识与专业能力,注重提高个人的教学能力、科研能力、反思能力,培养终身学习的理念。

(四)微课促进教师专业化发展的优势

▶▶ 1. 有利于打造商英教师学习网络共同体

教师专业化发展中的一个重要途径就是建立教师学习共同体。网络上已有教育部高校教师网络培训中心分享每年教育部微课大赛的获奖作品,教师通过观看可以获得他人的教学理念和教学方法,有利于促进专业技能的提升。中国大学慕课网中已有近百所国内外知名大学联合上传的慕课课程,涉及多门学科领域。

教师之间的学习可以随时随地进行。

》》2. 有利于提高商务英语教师的综合素质

商务英语教师要设计、制作和应用微课,就必须具备信息技术处理能力和一定的教学设计能力。每次制作微课的过程,都是自我提高的过程。

(五)微课促进教师专业化发展的途径

》》1. 院校高度重视,建立商务英语微课资源平台

院校在财力物力上重视,帮助院系和教师打造商务英语微课教学平台,把全国优秀的商务英语专业微课作品上传到平台上去,供教师平时观看、学习。微课资源可以为教师的专业发展提供丰富的营养。教师也可以上传自己的微课作品,让其他教师观看、交流和点评,以寻找自身不足,提高教学水平。教师也可以利用微课开展科研活动,集中讨论教学过程中的重点与难点,集思广益,进行教学难点的攻关。

》》2. 教师通过微课进行自主学习,为自己的专业发展提供力量源泉

商务英语教师应多观看微课作品,增加自己的知识储备,拓宽自身的知识范围;应积极主动制作微课,拍摄完成后反复修改、不断分析,反思自己的不足,不断修正和完善自己,锤炼自己的教学技能。教师的专业化发展是一个长期的过程,在专业化发展的道路上,可以采用多种形式促进自己的发展。比如,发挥微课的作用,结合微课的特点,辅之有效的策略,可以很好地促进商务英语教师的专业化发展。只有商务英语专业教师的水平提高了,才能够提高商务英语专业的人才培养质量,提高毕业生的就业竞争力,更好地为社会经济的发展服务。

三、中职商务英语教师专业化发展思考

《国家中长期教育改革和发展规划纲要》明确指出要大力发展中等职业学校的教育,具体的要求如"完成一大批'双师型'教师培训""促进优质资源开放共享,提高教师业务水平"以及"支持一批中等职业教育改革示范校和优质特色校建

设"。因此,促进教师发展、共享资源培训师资已经成为我国中等职业学校改革与发展所面临的重要问题。商务英语的性质决定了该专业的教师需紧跟人才需求结构的变化而发展自身的师资条件。文章在梳理和整理相关的教师专业发展的资料和文献的基础上,对商务英语教师专业发展的内涵、培训策略等进行探究,并对如何实现英语教师专业发展常态化进行分析。

(一)教师专业发展概念的提出

随着教与学的概念在过去 50 多年来不断地被重新定义,对教师专业化发展的研究有了重大的变化。霍伊尔首次提出"教师专业化发展是指教师掌握良好专业实践所必备的知识和技能的过程"。后来,国内外研究者对"教师专业发展"有多种界定。朱旭东将这些理解做了系统的归纳。其一是从个体和群体的角度去解释教师专业化发展;例如从个体角度出发,Gabreil 将教师专业发展界定为教师主动地掌握更好地调整教学方式以适应学生学习需求的持续不断的学习过程。其二是社会学对教师专业发展或教师专业社会化进行了多种解释,如教师的专业发展不仅仅包括知识面、教学技巧等技术性维度,还应涉及考虑教师道德、政治和情感的维度。除此之外,教师发展还可以从不同的方面去解释。

Hargreaves 提出,教师发展可以从知识与技能的发展、自我理解和生态改变三个方面去解释。Evans 则认为教师发展最基本的是在态度上和功能上的发展。同样地,Perry 论证了教师专业发展可以从两个层次去解释:"从中性角度来看,教师专业发展指的是教学在专业生活中的成长情况,其中包括教师信心、技能的提高以及其自身在教学课堂上意识强化。从积极意义的角度来看,教师专业发展涵盖的内容更广,代表其成长已经超过了一定的技能范围,将工作已经提升到了专业的角度,而专业知识也已经转化成权威了。"

从以上各学者对教师专业发展概念的解释或定义中,可以看出,教师专业发展主要是从教育学的角度加以界定的。国内研究者卢乃桂与钟亚妮总结前人的理论,提出一个颇具包容性的定义:教师不断成长、不断接受新知识,在这个过程中,教师通过不断的学习、反思和探究来拓宽其专业内涵、提高专业水平,从而达至专业成熟的境界。教师专业发展强调教师的终身学习和终身成长,是职前培养、新任教师培养和在职培训,直至结束教职为止的整个过程。教师专业发展不仅包括教师个体生涯中知识、技能的获得和情感的发展,还涉及与学校、社会等更广阔情境的道德与政治因素。因此教师专业发展应该得到进一步的重视，让教师意识到教师职业是一个需要终身学习的职业，教师专业发展贯穿于教师专业生涯的全过程，才能与时俱进，在促进学生成长的同时实现在教学、学术上的提升。

(二)中职商务英语教师专业发展的内涵

《国家中长期教育改革和发展规划纲要》明确提出，大力发展职业教育，体现终身教育理念、中等和高等职业教育协调发展的现代职业教育体系，满足经济社会对高素质劳动者和技能型人才的需要。中职院校教师队伍规模逐步庞大，其专业素质的高低直接关系到中职教育质量的提升。随着经济全球化的深入、国内各行各业的涉外商务活动变得更加频繁，催生了大量涉外岗位，因此商务英语专业应运而生，但是商务英语师资队伍的建设明显落后于市场的需求。传统英语语言文学专业毕业的教师为了能够培养出具有实践能力、适应就业岗位的人才，需要迅速转型成为专业的商务英语教师，从专业知识、专业能力与专业素养三个方面全面提升自己。

最近几年商务英语教师又面临着第二个挑战。陈浩、丁红朝认为，互联网技术的发展改变了国际贸易的经营方式，跨境电商交易额在整个外贸总额中占比与日俱增，为了顺应整个人才需求的变化，中职商务英语教师与教学改革势在必行。中职商务英语教育不同于普通教育，因为中等职业教育更突出培训学生掌握专业操作的能力。因此中职商务英语教师专业发展应包含：

(1)专业能力；

(2)实践能力；

(3)研究能力。

其中实践能力是中职商务英语教师最基本特质，是该行业教师职业生涯的核心。总之，中职商务英语的专业发展要求教师的业务水平随着国际贸易的形式变化而变化，要取得如此的效果，教师们应该经常性地进行岗上培训，通过继续教育提升自己在教学、实践上的能力。

(三)中职商务英语教师培训途径

中职商务英语教师的终身教育离不开依托学校组织的各类培训。刘冬梅在研究了欧美发达国家教师培训的文献后,总结出发达国家教师培训在指导思想、培训形式和培训内容等方面发生了显著变化。这些变化主要表现在:经费上给予大力支持,做到培训制度法律化,培训内容系统化,培训形式多样化,教师培训主动化等。其中西方发达国家注重激励机制,并且使教师培训主动化的举措非常值得我国各类学校学习与借鉴。为了充分调动教师参加培训的积极性,它们均制定了一系列的优惠政策,从而使得教师培训主动化。他们的主要做法是:培训与聘任、评估相结合,鼓励教师对外学术交流,提供学术休假制,新教师培训等。

▶▶ 1. "走出去"校企合作教师培训模式

针对商务英语教师在跨境电商知识方面的弱点,广州市财经职业学校鼓励商务英语教师"走出去"参加企业举办的多种跨境电商培训。例如,该校商务英语教师通过参加工业和信息化部电子行业职业技能鉴定指导中心举办的培训考证课程,了解到跨境电商发展概况,掌握了速卖通、敦煌网后台操作如上传产品、推广营销、基本的美工技巧等,获得《跨境电子商务师》证书。随着2016年速卖通提高准入规则,商务英语教师无法使用个人账号教学,为了解决该困局,广州市财经职业学校商务英语教师报名参加阿里巴巴官方合作企业"鑫校园"举办的培训,并获得教学账号,完全可以实现"做中教"的教学模式。同时,该校商务英语专业与深圳金膜电子科技有限公司建立教师专业发展实践基地,鼓励教师走进生产跨境销售一线,在实践中不断提升专业技术。"走出去"的校企合作模式帮助中职商务英语教师走出学校与教室、接触并且掌握实战知识,保障了商务英语的教学质量。

▶▶ 2. "引进来"校企合作教师培训模式

同时,广州市财经职业学校将跨境电商企业引进校内,目前该校引进的企业有广州茛拉商贸有限公司、广州飞尚贸易有限公司。学校为企业提供场所、人才,企业为学生、教师提供指导,校企双方真正取得"共赢"的效果。基于真实业务的校内培训,给了商务英语教师更多便利与激励。为了使校内实训取得更好的效果,学校推行双导师制——企业导师与校内导师相结合,这个制度给以商务英语教师更多的责任与动力,利用课余时间学习跨境电商的知识与技能,从而能更好地指导学生熟悉跨境电商的所有业务。

在"走出去""引进来"2个模式的帮助下,广州市财经职业学校的商务英语教师在专业发展方面取得了非常好的效果,能够独立指导学生做跨境电商。在2015年9月至2016年1月期间,该校跨境电商外贸承接小组通过阿里巴巴速卖通平台取得了折合人民币131789.65的销售量;该校教师参加第一届跨境电商创新创业能力大赛凭借喜人的销售量荣获中职组运营一等奖。

(四)建立中职商务英语教师发展中心的设想

为了建设一个开放、互助、互敬、好学的中职商务英语教师团队,为了实现"终生教育"的专业发展理念,需要一个开放的组织——中职商务英语教师发展中心。在世界教育迈入以提高质量为中心的阶段,院校纷纷成立了"教学促进中心""教师发展中心"之类的机构,这既满足教师对培训的需求,也是教师专业化发展的必然要求。"分享"与"互动"应该是该教师发展中心的主旨。定期举办经验交流会,如分享上文提及的广州市财经职业学校商务英语教师专业发展的有效方法,相互交流参加企业培训心得,共同探讨如何建立完善的保障机制激励教师不断学习,不断发展专业知识。面对人才培养新形势,中职商务英语教师发展中心应结合教学形式、学校个体情况,加强教师职后教育。教学中心要积极完善学校教师培训制度;转变培训观念;拓宽培训渠道,改进培训模式;注重激励机制,使教师培训主动化;加强新任教师培养,使教师培训全程化。

在"互联网+"国际贸易的大背景下,跨境电商行业催生了大量岗位,为了能够肩负起培养合格的跨境电商人才的重担,中职商务英语教师需丰富自己跨境电商的知识体系与实操技能。通过多种培训途径如"走出去""引进来"的校企合作模式,努力成为合格的"双师型"教师。为了实现共赢互利互助的效果,有必要设立中职商务英语教师发展中心,群策群力,鼓励教师对自我的专业水平进行随时随地的反思。中职商务英语教师的专业发展一方面提倡自我发展的终身化;另一方面通过培训强化教师发展的终身化意识,进而不断推进职业教育的发展。

参考文献

[1]王卓,陶珂."一带一路"战略背景下商务英语专业人才培养模式探索[J].
黑龙江工业学院学报(综合版),2017,17(12):118－122.

[2]邓银燕.微课、慕课在专业英语教学实践中的应用——以《国际商务函电》
课程教学为例[J].现代商贸工业,2017(34):164－166.

[3]程逸松."互联网＋"背景下的商务英语人才培养模式探究[J].成都师范
学院学报,2017,33(11):50－54.

[4]黄越,陈佳君,叶舒怡,颜贤斌.北京林业大学商务英语专业课程设置调查
与研究[J].教育教学论坛,2017(48):74－75.

[5]熊昌英."互联网＋商务英语实践教学"实证研究[J].教育评论,2017
(11):148－151.

[6]刘波.商务英语专业学生跨文化交际能力培养研究[J].海外英语,2017
(22):163－165.

[7]缪敏.商务英语专业项目驱动教学实践研究[J].英语广场,2017(11):73
－75.

[8]张静.信息化时代背景下翻转课堂理论在商务英语实践教学改革中的应
用分析[J].内蒙古财经大学学报,2017,15(05):137－139.

[9]罗惠卿.基于分层次理念的商务英语教学模式特点及实践[J].经贸实践,
2017(20):295－296.

[10]陈小艳.基于CBE教育模式构建商务英语专业实践教学体系[J].职教
通讯,2017(27):67－69.

[11]吴继琴.职业学院类商务英语专业实践教学对策[J].现代商贸工业,
2016,37(34):439－440.

[12]廖素清.CBI教学理念下商务英语阅读教学改革研究与实践[J].郑州航
空工业管理学院学报(社会科学版),2016,35(06):178－181.

[13]马旭玲.院校商务英语专业经贸类核心课程双语教学实践与研究[J].语
文学刊(外语教育教学),2016(12):118－119.